筑摩選書

松浦 玲
Matsuura Rei

徳川の幕末

人材と政局

徳川の幕末【目次】

第四章 家茂親政 177

徳川の幕末

人材と政局

はじめに

将軍家茂《いえもち》の死を悲しむものは僅かに三人。松平春嶽《しゅんがく》が報じた。春嶽は越前福井藩の前藩主（隠居）である。手紙の相手は知友の伊達宗城《むねなり》、伊予宇和島《いよううわじま》藩の隠居だ。ともに安政五年（一八五八）の政局で当主の座から引きずりおろされたのだが、家茂死去の慶応二年（一八六六）、それぞれの藩では最高実力者だった。

家茂の死を悲しむ三人の内訳《うちわけ》は「幕府に二人、幕外に一人」。すぐに続けて「幕外一人とは僕一人に御座候」と書くから、春嶽は将軍没を心から悼《いた》む極微の少数派に自分自身を数えた。自分の他に悲しむものは幕府内に二人だけ、「二人とは板倉伊賀守《いがのかみ》・勝安房守《あわのかみ》」だと手紙文中で名指す。自身を「幕外」と位置付けたのも刺激的だが、幕府にこの二人との断定には春嶽独特の思い込みが感じられる。

将軍家茂は大坂城で没した。第二次征長戦のため前年（慶応元年）から大坂に滞在し、目的を果さないまま病に倒れた。数えどしで二十一歳の若い死だった。

春嶽が挙げた二人のうち（元周防守《すおうのかみ》で前阿波守《あわのかみ》の）「板倉伊賀守」勝静《かつきよ》は、備中《びっちゅう》松山（岡山県高《たか》梁《はし》）藩主である。慶応二年七月二十日に家茂が大坂城で死んだとき、老中として在坂していた。しかし板倉は、家茂が大軍を率いて江戸を発したときには、老中でなかった。第二次征長戦積極推進派には属していない。だが反対派とも言えないだろう。再任されて大坂城に詰めてからは征長体制を維持することに努めた。

二人目の「勝安房守」義邦《よしくに》（海舟）は、征長反対派である。家茂江戸発のときは罷免閑居中で見送りもしなかったのだが、それ以前に若い将軍を何度も船に乗せて親近感を持つ。家茂の人柄が良いので好きなのだった。家茂死去のときは軍艦奉行に復任し呼ばれて大坂に滞在中。幕府内に「二人」はともかく、勝海舟が家茂の死去を深く悲しんだのは確かである。

春嶽もさすがに二人では絞り過ぎと思ったか、「川勝美作《かわかつみまさか》・永井主水《もんど》、是等も悲痛之中に御座候」と追加した。大目付の川勝美作守広運《ひろかず》と大目付兼外国奉行の永井主水正尚志《なおゆき》を、悲しむ仲間に加えた。しかし続けて「其外は橋公へ阿諛《あゆ》諂佞《てんねい》実に不忍見為体《みるにしのばざるていたらく》」と憤慨するのである。春嶽の見るところ他の幕臣はみな、十五代将軍となる（少し手間取るのだがそのコースに入っている）一橋慶喜《よしのぶ》にくっついてしまった。

文面のうち勝海舟については保証できる。海舟が家茂に惚れ込んでおり、慶喜に阿諛諂佞する仲間に入らなかったのは春嶽の言う通りだ。この時点でも他の多くのときと同様（常にではないが）春嶽と海舟は同志なのだった。

川勝と永井について、海舟（が悲しんだ事実）ほどの保証はいたしかねるが、春嶽にはそのように見えていた。ただし春嶽の力点は、他の幕臣がみな慶喜を担ぐ側に回ってしまったと悲憤するところにある。慶喜が好きなら、ここまでは怒らないだろう。嫌いなのである。しかし徳川家の中心に坐する資格と能力を備へているのは慶喜しかない。嫌いな慶喜を我慢する苦しみの一端を漏らしたのが、家茂発喪《はつも》（八月二十日死去公表）から間もない九月七日付の、この伊達宗城宛書簡だった。

春嶽は嫌いな慶喜を我慢する。板倉勝静は春嶽ほどには慶喜を嫌っていない。家茂の後は慶喜だと早く決めて積極的に動いた。家茂の死去を悲しむ余裕があったとは感じられない。春嶽が家茂の死を悲しむ第一に「板倉伊賀守」を挙げたのには賛成しかねる。しかし春嶽にそのように見えていたことは計算に入れなければなるまい。

海舟は慶喜擁立の動きに加わらず純粋に家茂の死を悼む。家茂死去を和宮《かずのみや》に報告に行く役目の側衆室賀《むろが》伊予守正容《まさかた》が同じ気分ではないかと察せられる。室賀は小姓組番頭《ばんがしら》から大目付を経て側衆となったところだ。江戸へ向う直前の室賀に呼ばれて海舟は密談している。海舟は日記に室賀伊予のことを「作州」「作州」と繰返すのだが（「美作守《みまさか》」だと誤認）、この困った傾向については別に述べる。

春嶽は室賀伊予にまでは目が届かなかった。それで（幕府内に二人では少ないと思い）川勝と永井を追加した。ここで川勝と永井を引入れたことは、その板倉観と共に、春嶽の対幕府姿勢や幕臣評価を考える上での参考材料となる。

慶喜を支持した幕臣は阿諛諂佞の徒ばかりではない。この手紙には登場しないが、家茂生前の大坂に水野癡雲《ちうん》が来ていた。大久保一翁《いちおう》も来ていた。それぞれ本論で重要な役割を果す人物、いま詳しくは述べないが、水野癡雲は「玉の取替え」を企んでいると大久保一翁が春嶽宛の手紙に書いた。家茂では無理だと水野は見ていた（と一翁が判断）。春嶽は驚くのだが、その件は、いま問題にしている伊達宗城宛書簡には全く現われていない。

前に「刺激的だ」と書いた話、慶応二年九月、家茂発喪直後の書簡で、春嶽が自身を「幕外」と位置づけていた件に戻る。家門《かもん》藩の隠居で、このときは幕府の要職から外れているのだから、当人はそのつもりなのである。第二次征長戦には反対だった。大反対だった。

それでも春嶽に自分は「幕外」だと書かれると、いささか違和感がある。四年前の文久二年（一八六二）幕政改革に際しては、隠居のままながら政事総裁職という大老相当のポストに就任した。「幕内」の中枢ではないか。ただし春嶽は一年足らずで辞めてしまうのだが。

春嶽の政事総裁職と同じ時、一橋慶喜は将軍後見職になった。将軍家茂数えどし十七歳で田安《たやす》慶頼《よしより》後見職を辞めさせた直後だから大いに紛糾したが、それもいまは略す（本論で述べる）。慶喜後見職と春嶽総裁職で、幕府に「慶喜春嶽政権」ができたかに見えた。ともに仕事をするうちに、春嶽は少しずつ慶喜が嫌いになっていく。

春嶽は総裁職を辞め、慶喜は後見職を続けた上で禁裏《きんり》守衛総督に転ずるけれども、二人の接触はとぎれはしない。春嶽の慶喜嫌いが増幅する事件も続く。

将軍家茂についての春嶽の気持は、海舟ほどの強烈な記録（賞めるあまりに記述に食い違いが生じた例を本文で挙げる）が残らないけれども、やはりその人柄を愛するようになったのだと思われる。それで死去に際して悲しむ三人のうちに自分を数えた。家茂の死を悼まない幕臣が慶喜にくっつくのと対照させた。慶応二年の春嶽は、家茂が好き、慶喜は嫌いなのである。

かつてはそうでなかった。安政年間（一八五四―五八）将軍継嗣をめぐる争いで紀州藩主の家茂（そのときは慶福《よしとみ》）と、慶喜が対立候補だったとき、春嶽（隠居させられる前の福井藩主松平越前守慶永《よしなが》）は徹底的な一橋派だった。一橋派の旗頭《はたがしら》だった。春嶽は慶喜を担いで紀州派と争って敗北し、隠居謹慎させられたのである。大きな政局だった。春嶽はその中心にいた。

越前福井藩主が敗退し隠居謹慎処分を受けたことに代表される政局、それに続く安政の大獄で幕府は、日本を条約の相手国（米蘭英仏露）と相似の近代国家へと引張る力を、みずからそこねた。有能な人材を殺し、また第一線から退かせた。日本を西欧型の国民国家的な統一国家に造り替える作業の主導権が怪しくなっている。

大獄から三年ないし四年後に、生き残っていた人材を復活させ、あるいは抜擢したのだが、いかにも遅かった。将軍が条約上の主権者であり続けたにもかかわらず、幕府の正統性は内外から疑われていた。

国民国家的統一国家に造り替えることの是非、また幕府の正統性の問題は独自の議論を必要とするが、いまはやらない。本論で何度も触れることになる。

安政五年に隠居させられ越前守の称を失った松平慶永は、万延元年（一八六〇）九月四日に謹慎処分の一部を許され、文久二年（一八六二）四月二十五日には残る接客通信の禁が解除された。次いで同年の五月七日には隠居のままで幕政参与の命を受ける。

隠居させられる前、その処遇について幕臣に種々の案があったが、実情は幕府のことを心配する家門藩主に留まり、幕政に関わることはなかった。四年後には幕政に参与し、更に政事総裁職にまで進む。しかし春嶽（隠居させられてから使用する雅号）の力で挽回できる局面ではなかった。春嶽と大久保一翁（このときは越中守忠寛《えっちゅうのかみただひろ》で大目付兼帯外国奉行→側衆→左遷）が着想した政権返上論（大政奉還）が、恐らく唯一の奇策だったろう。しかし文久二年の将軍家茂には、それを実行する力が無かった。将軍後見職になっていた一橋慶喜は、はぐらかして逃げた。

春嶽が提起し慶喜がはぐらかすという場面は、四年後の慶応二年（一八六六）、家茂死去直後にまた繰返された。詳しくは本論で述べるが、春嶽が政権返上論を提起し、慶喜はそれを採用するふりをした。窮地を脱するための時間かせぎに使ったのである。先程の伊達宗城宛の松平春嶽書簡は、慶喜が裏切ることにまだ完全には気付いておらず、しかし疑いが兆《きざ》した気分を示すものだと言える。

このときは逃切った慶喜が、翌慶応三年には本当に大政奉還して幕府は終わる。

安政年間に松平慶永が擁立に努めた一橋慶喜、途中で関係が怪しくなったが、ともかく当初期待の候補者が将軍位に昇ると、その翌年に幕府は消滅した。慶喜が自発的に消滅させた。春嶽の好き嫌いはともかく、慶喜には大政奉還を断行する力があった。遅まきながらやっと期待に応えたのだ。歴史が動いた。徳川将軍が歴史を動かした。家茂には動かす力がなく慶喜にはあった。

ただし幕臣の多くが慶喜に大政奉還を期待したわけではない。安政の慶喜支持派で大獄に引掛からず文久期に春嶽と対立して引退した水野忠徳《ただのり》（癡雲）は、さきに少し触れたように慶応期にも慶喜支持で家茂との取替えを目論んだ（と大久保一翁に推測された）。その水野も大政奉還を期待した訳ではなかった。安政の政局で、田安家老の水野忠徳に頼ること多かった春嶽の方が、慶応期には嫌いになった慶喜に大政奉還を求め続けた。この対照も本論の目玉の一つとなる。春嶽の構想は、幕府が巨大大名の一つとして公議に加わることだった。慶喜のは少し違い徳川中心の「近代化」である。これも本論の最後で述べる。

本論は「安政の政局」から始める。

「はじめに」で使った宗城宛春嶽書簡は、渋沢栄一『徳川慶喜公伝 附録六』が「附録第三文書記録六一八」として収録するのだが、この時期の春嶽書簡を多く控える『続再夢紀事』の五にはこの書簡だけが欠ける。附録資料として収録した徳川慶喜公伝も、伝記本文ではこの書簡を使わない。そのため研究書や論文でこの書簡に触れたものを見たことがない。もちろん管見の限りだが。

ここで板倉伊賀守が元周防守・前阿波守で、城は備中の高梁にあるという類のことを、何となく呑込んでいるけれども得心まではしていないという読者のために、少しだけ解説を挟む。熟知される方々はとばしてください。

この本が対象とする徳川幕末期の大名や上級旗本は「伊勢守《いせのかみ》」「上野介《こうずけのすけ》」「掃部頭《かもんのかみ》」「兵部大輔《ひょうぶたいふ》」などの律令制度の官称を持つ。京都の公家は任地（任国）や役所が有名無実化しても令の官制の定員に制約されるのだが、徳川幕末期の武家は全くの定員外で同じ官称を持つ大名や旗本が何人もいる。ただし日常的には称だけを使うので、紛らわしいときは後輩が改称するというルールがある。老中に二人「美濃《みの》守《かみ》」がいては困るので岡崎藩主本多美濃守が再任されると後輩の淀藩主稲葉美濃守が兵部大輔と改称し、本多美濃守が辞めると稲葉兵部大輔が美濃守に戻るという具合である。御用部屋では「美濃殿」「兵部殿」と呼合い姓を使わず、日常的な記録も姓抜きの称だけで済ますことが多いから、同じ称は絶対に困るわけである。目付→軍艦奉行並→軍艦奉行（寄合）開成所頭取→目付（寄合）軍艦奉行並→軍艦奉行→海軍所頭取→勘定奉行という珍しい経歴の木村喜毅《よしたけ》は、二度目の目付のとき、小笠原摂津守広業《せっつのかみひろなり》が日光奉行から目付に戻って来たので「摂津守」を「兵庫頭」と改めた。日記の刊本名『木村摂津守喜毅日記』が強烈なので気附かずにいる人があるけれども「兵庫頭」になったのだ。ランクや部署が違い日常的に呼合うことがなければ、同じ称が何人いてもかまわないので「摂津守」に戻る機会は多かったのだが最後まで「兵庫頭」で通した。

国守号（守名・受領名）の場合、福井の松平越前守や高知の松平（山内）土佐守のように称が領国と重なる人があるが、それは例外で、たいていは関係が無い。「越前守」にしても「土佐守」にしても、越前国や土佐国と全く無縁の大名や旗本が、同時に何人もいるのである。史料に「越前守」「土佐守」とだけ出て誰のことか確定するのに手間取るのは、ごくごく普通のことである。歴史書や歴史小説に官称を多用するタイプと、全く使わない人とがある。この本では引用史料に出るときは本文でも重ねて使い、その人物を官称ごと印象づけるように工夫する。前後関係で解り易ければ官称だけで済ませることもある。

さきほど「領国と重なる」と書いたのは、福井松平の場合は越前国のうち大きな部分を領しているけれども全部ではないからである。大野の土井氏、鯖江の間部《まなべ》氏、勝山の小笠原氏、丸岡の有馬氏が分立、以前は研究書や小説で「越前藩」と書く人が多かったが、今は「福井藩」が普通になった。高知の山内家は土佐一国を領している。例示で「松平（山内）土佐守」としたのは高知の山内家は幕府から松平姓を許されており、「松平土佐守」と称するからである。浅野長訓《ながみち》の「松平安芸守」が同様の例だが幕末大詰で活躍する世子浅野長勲《ながこと》は「紀伊守」だからややこしい。有名な島津斉彬《なりあきら》は「松平薩摩守」だが次の茂久《しげひさ》（忠義《ただよし》）は「松平修理大夫《しゅりのだいぶ》」で薩摩守を称することはない。

所領と守名が一致する例を挙げすぎるとかえって混乱する。一致しないのが普通である。一致せず且つ松平姓が絡むのを幕末期老中で挙げておくと、丹後《たんご》国宮津の本荘宗秀《ほんじょうむねひで》が「松平伯耆守《ほうきのかみ》」、陸奥《むつ》国棚倉の松井康直《やすなお》が「松平周防守」、いずれも本文で出るときに重ねて注意する。老中以外では京都守護職で知られる岩代《いわしろ》会津藩主の松平容保《かたもり》が「肥後守」で、肥後熊本藩主の細川慶順《よしゆき》が「越中守」というように、一致しないのが普通なのである。

幕末期に活躍する旗本には昇進して官称の資格を持つようになったものが多い。勝海舟は元治元年（一八六四）五月、正規の軍艦奉行に就任して安房守を称する。それまでは麟太郎である。「麟太郎」という称（通称）が「安房守」という称に変るのである。略して「安房」を通称とすることもできる。春嶽により家茂の死を悲しむ幕臣として追加された永井尚志は「岩之丞」という称が「玄蕃頭→主水正→玄蕃頭」と変化する。春嶽が伊達宗城宛書簡で名指したのは「主水正」のときである。当時の人々は、これを間違えないのだ。ただし知るのが遅れたり通じ易かったりで暫《しばら》く旧称が使われることはある。勝海舟は異例で「はじめに」本文でも触れたように変な間違いかたをする。あの例では側衆の室賀伊予守正容を「美作守」だと思い込んで日記に「作州」「作州」と書いたのである。海舟の記録・文書には、他の人が絶対にやらない類の間違いが多出して、人物を考える上での特異な材料を提供してくれる。

第一章
安政の政局

一　阿部正弘の流儀

『昨夢紀事』の誤り

徳川十二代将軍家慶《いえよし》は嘉永六年六月二十二日（グレゴリオ暦一八五三年七月二十七日）に没した。初度来航のペリーが江戸湾を去った十日後である。喪は伏せられて、公表は七月二十二日だった。跡を継ぐのは病弱であることが広く知られていた家定《いえさだ》である。

既に何人もの研究者によりその誤りが指摘されているのだが、家慶発喪の総登城に際して、福井藩主松平慶永が薩摩藩主島津斉彬に、家定の継嗣問題について談じたと書いたものが多かった。しかし嘉永六年七月、松平慶永は江戸だけれども島津斉彬は鹿児島なので（五月二日江戸発、六月二十二日鹿児島着、次の出府は翌年）二人が嘉永六年の七月に江戸城で顔を合せるということはありえない。

慶永と斉彬が江戸城で相談という話を多くの人が信じたのは、福井藩の重臣中根《なかね》雪江《せっこう》（靭負《ゆきえ》・師質《もろかた》だが雪江で通す）の『昨夢紀事《さくむきじ》』に出るからである。しかし『昨夢紀事』は日記ではなく後日から遡《さかのぼ》っての記述だから、ナマの記録類が添えられていないところは危ない。そもそもこの箇所は「七月二日総出仕の御触達によつて御登城ありしに」と日が間違っており、「御心力を勠《あは》せられて御周旋を尽さるべしとの御内談を決せられし御事なりしとぞ」と、過去のことの伝聞なのだ。

最初の談合が嘉永六年の七月というのは誤りである。だが大名クラスで早くから慶喜擁立に熱心だったのが慶永と斉彬だということは間違いない。それぞれに、あるいは協力して粘りに粘る。ただし老中阿部伊勢守正弘《まさひろ》（備後《びんご》福山城主）が生きている間は、二人とも彼に期待した。阿部伊勢が何とかするだろうと思うところがあった。

その阿部が安政四年（一八五七）六月に病死する。数えどしで三十九の若さだった。

この人は天保十四年（一八四三）から安政四年まで足掛け十五年、幕末期としては異例に長く老中を務めた。そのうち十一年は首座だった。最後の二年ほど、首座を先輩で再任の堀田備中守正睦《まさよし》（再任時には正篤《まさひろ》だが正睦で通す、下総《しもうさ》佐倉城主）に譲るのだが、それも阿部主導の人事である。阿部正弘が生きているかぎり、政治は彼を中心に動いた。

阿部の死で、外交条約問題の流れが少し変る。阿部の流儀から堀田の流儀に移った。まず阿部の流儀を簡単に見ておこう。

浦賀奉行の憤り

阿部が老中首座の時期で最大の事件は、嘉永六年六月のペリー来航である。このときの阿部流が独特であったことについて、浦賀奉行が不満を表明した。アメリカの艦隊が来ることをオランダの通報により承知していたのに阿部は、任地に赴く浦賀奉行に対し、今年は来ないと断定したらしいのだ。

　浦賀奉行は二人制で、一人が任地、一人は在府（江戸）、一年で交替する。ペリー来航のとき浦賀に居たのは戸田伊豆守氏栄《いずのかみうじよし》である。嘉永六年の初め、これから浦賀に向かうにあたり戸田は、アメリカの艦隊にどのように対処すればよいのかを幕閣に質《ただ》した。当然のことである。その方針を心得ていなければ現地の奉行はつとまらない。

　ところが老中首座の阿部や海防担当の若年寄遠藤但馬守胤統《たじまのかみたねのり》が、今年は来ないと返事した。そう答えたという直接の記録が残っているのではない。方針を持たされないまま現地に赴いた戸田は奉行の権限範囲での防備体制強化に努力するけれども、来航したペリーに対する応接は無様《ぶざま》なものにならざるをえなかった。そのことを自覚する戸田は、江戸の同役（在府浦賀奉行）井戸弘《ひろ》道《みち》（はじめ鉄太郎、在任中に石見守《いわみのかみ》）に宛てた奉行間の私信「内御用状」で、幕閣の無方針に不満を述べ、来航後もそれが続いていることについて憤る。その中に「伊勢殿・但馬殿共、決て当年は異船参らずと御見切りにて何ともいたし方無之」という文言がある（浦賀近世史研究会監修『南浦書信』未来社・二〇〇二年、一四〇頁）。老中の阿部伊勢と若年寄の遠藤但馬が共に、今年は来ないと見切っていたので、何ともしようがなかったというのである。

　むろんこれは戸田が井戸に宛てて書いているのであって、阿部伊勢守や遠藤但馬守が本当にそうであったという証明にはならない。しかし前記したように戸田が方針を持たされないまま赴任する破目になったことは事実である。戸田の内御用状は、ペリー来航で井戸が国書受取り儀式のため久里浜まで出て来る中断を挟んで、その前も後も何通も続き、内容に一貫性がある。後のでは、来ることが解っていたのに方針がなかっただけでなく、今年末か来年初頭には再来すると決まったのに、それに対して策が示されないことを痛烈に非難する。罵倒している。現役の奉行が幕閣（その中心はもちろん老中首座の阿部正弘）をこれだけ責め立てる文書は貴重である（依頼された書評「「南浦通信」にみる浦賀奉行の苦悩と高揚」（『未来』二〇〇二年十一月号）を右の「当年は異船参らず……」の引用から始めた。この書評では言及しなかったが同書の土居良三「解説」は、阿部が戸田を昇格させて「転役」を命じ「全権を戸田に与えた」（一六四頁）などデタラメを極める。収録「内御用状」本文を読まずこの解説を鵜呑みにしてペリー来航や阿部正弘を論じる人があるので要注意）。

浦賀奉行の筆を通して見るかぎり、阿部政権はペリー来航に対して事前の策を持たず、初度来航の直後（少なくとも家慶発喪の七月まで）も、予告された再来に向けて方針を示さなかった。

これが阿部政権の一面である。阿部流儀の悪しき方向での特色に数えられて良いだろう。しかし阿部は、強烈な使命感を持つ浦賀奉行を怒らせたままにはしない。内御用状の途中が欠けるのだが、十一月になると阿部正弘は浦賀奉行の場所高を（千石から）二千石に引上げたので、通知を受けた戸田は満足だった。江戸湾口の浦賀側陸地（相模《さがみ》）の防禦担当が肥後藩・長州藩と外様大藩に差替えられたのも戸田を勇気づけた。相手が武力を持って来たのだから、応答するにはこちらの武力も強大でなければならない。戸田はなぜか肥後や長門のような外様の大藩はペリーに対抗する武力を持つと信じているのだ。それを背景に対等の交渉を行い対等の通商条約を結ぶことまで戸田は構想する。

実は初度来航の前にも戸田には私的な腹案として通商条約のことが念頭にあった。だから応答策を全く指示されなかったこととの落差が極端に大きく、在府の同僚に宛てた内御用状の激語となった。阿部からの井戸を通しての通知で戸田は、この落差が埋められたと思い込み積極策を立てる。悲憤が高揚へと切替わった。

しかし阿部政権は、浦賀で交渉すると決めたわけではなかった。十一月一日に「御聞届之有無は不申聞」と不思議な方針を下達（『幕末外国関係文書』三）、確たる回答はしないというのであろうか。

これは長崎とも関係する。

ロシア優先の破約

長崎にはペリーより少し遅れてロシアのプチャーチンが来た。奉行は幕末を代表する人材の一人として知られる水野筑後守忠徳（「はじめに」で「癡雲」）。

嘉永五年に在浦賀の奉行だった水野忠徳（厳密には忠篤《ただあつ》だが改名後の忠徳で通す）は、嘉永六年に戸田氏栄と交替で帰府し、四月には長崎奉行に任命された（その後任の浦賀奉行が前記した在府の井戸弘道）。水野の任命から出発までの間に、浦賀にペリーが現われ、長崎にはプチャーチンが来た。ただし長崎は遠いので、赴任の旅に出たとき水野はプチャーチンのことを知らない。オランダに軍艦を注文する任務を帯びて旅行し、長崎に着くとプチャーチンとの交渉にも関与しなければならなかった。

長崎には専任の露使応接掛が送られた。大目付格で西丸留守居の筒井肥前守政憲《まさのり》が代表だけれども、交渉の主役は勘定奉行の川路左衛門尉《さえもんのじょう》聖謨《としあきら》。

彼らは十月晦日江戸発、長崎着は川路が十二月八日で筒井は九日だから、一カ月余の旅である。江戸から長崎までの上級役人の移動には、だいたいこのくらいかかった。奉行や目付が初めて赴任する機会に途中で見物でもすれば、更に長期の旅となる。

江戸湾に乗込んで来たペリーよりも、日本側のルール通りに長崎に来たプチャーチンの方が、評価が高かった。いまは希望を拒絶するけれども、将来方針が変るときはロシアを最優先とする。露使応接掛は、その約束を漢文とオランダ語で書いてプチャーチンに渡した(『幕末外国関係文書』四の一五)。後で安政四年に勘定奉行の身分で長崎に来る水野忠徳(詳しい経緯は後述)は、そのことをよく覚えており、川路の約束だと意識することを江戸の同僚宛の手紙に示した。

この安政四年の手紙から阿部伊勢の流儀や堀田備中方式への転換を読取ることができて面白いのだが、いま嘉永六年末から翌年初頭にかけての話、いきなり安政四年に飛ぶのは自粛する。貴国を優先するとプチャーチンに約束した川路ら露使応接掛が江戸へ戻るのは、嘉永七年＝安政元年の二月二十二日である。その時には既に再来のペリーとの間で和親条約への交渉が進められていた。日米和親条約の調印は三月三日である。川路らのプチャーチンとの約束はあっさりと破られた。

露使応接掛を長崎に送りだしたとき、老中首座の阿部正弘は再来のペリーと条約を結ぶとまでは見通していなかった。前記したように初度来航時の要求に応ずるか否かを告げないという解りにくい方針が示されていた（細かく言うと露使応接掛出発の翌日下達だが）。

しかし十二月十五日、かつて長崎奉行を務めた（罷免されて寄合）伊沢美作守政義《まさよし》を浦賀奉行に起用したのは、その経験に期待したからであろう。元の悪巧みの仲間（高島秋帆《しゅうはん》を陥れた）鳥居耀蔵《ようぞう》は四国の丸亀に幽閉されたままなのだが、伊沢はここで復活した。在府浦賀奉行の井戸石見守弘道が大目付に転じた跡を埋め、翌年には戸田伊豆守氏栄と交代して任地に赴くという手順である。

再渡のペリーと和親条約

伊沢任命の翌日（十二月十六日）阿部伊勢は大目付井戸石見守弘道と町奉行（江戸町奉行）井戸対馬守覚弘《さとひろ》、目付鵜殿甚左衛門（二十八日民部少輔《みんぶしょうゆう》）らに、ペリー再渡の節は浦賀応接を担当させるので準備せよと命じた。このあたりで阿部は、まったくのぬらりくらりでは済むまいと、浦賀に人材を揃えて待受ける心算になったのだと察せられる。鎌倉に上陸させるか検討を命じた記録もある。

和暦でも年が改っての嘉永七年（安政元年）正月十一日（グレゴリオ暦一八五四年二月八日）には儒役の林大学頭《だいがくのかみ》が浦賀出張の用意をせよとの命令を受けた。また同日、在府浦賀奉行の伊沢美作守政義には任地へ出発せよとの指示が出た。伊沢は翌日発で浦賀に向かう。彼が浦賀に着くと同時にペリーの艦隊が現われたとの報が続々と届く。伊沢は現地の戸田と連名で「都合拾艘、内三艘は蒸気船」と報じた。接触したペリー側から総勢は十艘だと聞いたのである。先に着いた七艘は江戸湾の奥深く入ってしまい引戻すのが難しい。

いったん浦賀に揃った林大学頭ら担当者は艦隊の動きに合せて移動し、応接の地は神奈川（横浜）に落着いた。伊沢美作は応接掛に加えられて神奈川、戸田伊豆は浦賀の留守番である。

神奈川は浦賀よりも江戸に近く、幕閣との打合せも楽だった。幕府は通商は拒否したものの「和親条約」を容認した。長崎のプチャーチンに許さなかったことを再来のペリーに許したのである。

批判がなかったわけではない。しかしまあ、ここまでは仕方がなかったと認められた。新しく下田と箱館を開いただけで領事駐在規定は曖昧だったから、薪水《しんすい》給与令の延長上のものだとの言訳もたちやすい。少しずつ発言力を強めている京都朝廷も、異を唱えなかった。通商を拒否したことが評価された。阿部正弘の流儀で何とか落着いた。

下田と箱館を開く。箱館は手間取るので後述、下田奉行には浦賀奉行の伊沢美作が転じた。丸亀に蟄居《ちっきょ》中の鳥居耀蔵は、伊沢が下田奉行と知り（ずいぶん遅れて聞き誤報に近いのだが）喜びかつ疑った（鳥居政博訓注『鳥居甲斐晩年日録』桜楓社・一九八三年。安政三年二月二十四日の条）。伊沢は安政二年八月に普請奉行に転じたあと、同三年九月には大目付、四年十二月には阿部没後だけれども町奉行（単に「町奉行」というのは江戸の町奉行で要職）に昇った。その息子謹吾が勝海舟の蘭学の弟子で、長崎海軍伝習の幹部補充生（補充艦長候補）となることは後述する。

二　安政元年の和親条約

水野忠徳の硬骨

江戸湾では和親条約まで進んだが、長崎はプチャーチンに「貴国を優先させる」との、結果として空約束になった（と水野忠徳が強く意識する）文書を付与して去らせたところである。プチャーチン退去は嘉永七＝安政元年一月八日だった。彼は同年の三月二十三日にまた現われる。神奈川で日米和親条約が結ばれた二十日後だ。

浦賀に再渡したペリーのことは気にしていたが、直接の用件は江戸に戻った露使応接掛から何か新しい提案でも届いていないかとの期待である。むろん何も届いていない。プチャーチンは〝ロシア暦の六月下旬に樺太《からふと》で国境確定の協議をしたい〟との書簡を託して去った。

すでにクリミア戦争（露土戦争）が始まっている（グレゴリオ暦三月二十八日・ユリウス暦＝ロシ

ア暦三月十六日・和暦二月三十日）。イギリスがトルコに味方してロシアと戦うことになった。開戦の報が極東に届くと、イギリスの東インド艦隊はロシアの軍艦を追跡する。スターリング提督の率いる英国艦隊が長崎に入るのは、和暦の閏《うるう》七月十五日だった。プチャーチンが留っていれば危ないところだ。

プチャーチンが去り、スターリングが来るまでの間に、オランダとの関係に進展があった。軍艦発注への返事が届く。

前年（嘉永六年）浦賀奉行から長崎奉行に転じて着任した水野忠徳の第一の任務は、オランダに軍艦を注文することだった。できるだけ多く、少しでも早く、という荒っぽい話で、商館長のクルチウスは注文書の体裁を整えるのに大いに苦しみ、貿易船ヘンドリカ号の帰帆（長崎発）を規定より遅らせることまでしたのだが、本年（嘉永七＝安政元年）和暦七月五日着帆のサラ・リディア号により返書がもたらされたのである。

オランダは、軍艦購入を急ぐ日本の事情を知りたい。アメリカやロシアが日本に接触したのは承知しているが、その結果がオランダに届いていない。情報を早く入手したいので、ジャワから送られる貿易用の帆船とは別に、オランダ本国から海軍将校の乗る軍艦を派遣する。それを御承知願いたいというのであった。

これに対する長崎奉行水野忠徳の反応が面白い。七月八日付で老中宛に送った伺いで、アメリカに認めた下田・箱館への入港と必需品購入とを、オランダにも許せという。オランダからの要求が出る前に先回りして認めよという。そうすれば「於日本は兵勢威力等を示し申掛候得ば御国法をも御改にて被差許、左も無之候得ば其儘被差置事《そのままさしおかるること》など申唱……」と悪評される失態を免れるだろう。この水野の〝武力を誇示したアメリカには屈伏し武力を使わないオランダはそのままとするという悪評〟を避けよ、という論法は痛烈である。諸外国からそのように見られるだろうと警告しながら提案しているのだが、水野自身の阿部批判を含むと読むことが可能。江戸湾に圧倒的な武力を持って来たアメリカに屈したと非難する。

　下田・箱館開港は既成事実になってしまった。既にそうなったのだから、武力脅迫をしていないオランダ、情報を知ることだけを求めているオランダに、下田・箱館開港を横並び適用（均《きん》霑《てん》）して、日本の面目を保てというわけである。水野独特の正義感とバランス感覚、これが長く維持されるのを我々はこれから見ることができる。

　この伺いは江戸に送られ、老中の承認を得た。在府長崎奉行の荒尾石見守成允《しげまさ》が承付を出したのが閏七月十七日である。次いで老中阿部伊勢守は下田奉行や箱館奉行らに宛ててオランダに対し「御信義相貫候様取計」アメリカ同様の便宜を供与すると達した。ロシアに対しても同様にしなければならないのだが再渡してくれないと伝達のしようがないと書いているのが面白い。三月二十三日にプチャーチンが長崎に来たときは、まだこの用意が整っていなかったのである。

　自身に対する痛烈な批判を含む伺いを受け入れて穏当な措置をするのも阿部伊勢流儀である。それが解っているから水野は阿部を裏切らない。そのことは水野の対英交渉がよく示す。以下でオランダとの話に続けてイギリスが来るのだ。

オランダ商船サラ・リディア号が予告した本国からの軍艦は、長崎に和暦七月二十八日に着いた。ファビュス艦長のスンビン号である。ファビュスはこれから何度も来て、そのたびに軍艦が違うので混乱する人が少なくない。このとき（嘉永七年＝安政元年）が初渡来で乗艦はスンビンである。文倉平次郎『幕末軍艦咸臨丸』（男爵赤松範一・巖松堂書店・一九三八年。覆刻＝名著刊行会・一九六九年）がスンビン初渡来を嘉永五年と書き、六年にも滞在中と読むしかない文脈で語るので、その誤りを看破れていないと記述に混迷が生じる。名著の評判が高い本だが、〝文倉咸臨丸〟にはこの種の錯誤が非常に多い。

和暦七月末に来たファビュスは、幕府が軍艦を購入しても動かす人がいなければ役に立たないと指摘し、短い滞在中に長崎地役人の希望者に伝習を行った。正規の長崎海軍伝習は翌安政二年末からで、これはその予告編である。

ファビュスのスンビン号が入って間もなく、和暦の閏七月十五日に英国スターリングの艦隊が長崎に来た。スターリングの出した英文の文書を商館長クルチウスが蘭文に訳し、それを通詞が日本語に訳す。ロシア軍艦を攻めるために日本の幾つかの港に入る権利を認めて欲しいという希望は、明瞭に読取ることができた。

この要求を元に、長崎奉行水野忠徳は閏七月十七日付で江戸へ伺いを発した。既にアメリカに下田と箱館を許しているのに準じて（前記したオランダに均霑するとの決定はまだ江戸で出たばかりで長崎に届いていない）イギリスに対し箱館と長崎の二港は認めてもよいのではないかという。それで済まない場合は、どの港を追加するか御指示を乞うというのは暗に下田をさしていた。まだ容認するとの通知が届いていない対オランダ箱館下田均霑提案の発想を、引継ぐものである。

スターリングが面会を求めているので「永井岩之丞立合面会可仕」と書いたのも注意を要する。前年十月八日に徒士頭《かちがしら》から目付に昇進し、本年四月に長崎勤務を命じられた永井尚志が着任していた。「はじめに」で触れた永井主水だが、このときはまだ岩之丞である。彼が目付として奉行の水野と行動を共にする。先回りしておくと永井は、水野が在任期間を終えて江戸に戻った後も長崎に残り、海軍伝習担当に転じた。それは後述する。いまはスターリングとの遣り取りである。

江戸からは異例に早く返事が来た。箱館と長崎は容認、交渉でやむをえなければ下田を許してもよいというものだった。これを受けて水野と永井は和暦八月十三日にスターリングを西役所に呼んで談判した。英語と日本語の遣り取りを通訳できるのは英艦に乗る漂流民の音吉だけなので、不安を覚えた水野は文書を要求した。文書なら商館長のクルチウスに蘭訳を依頼し、それをオランダ通詞が日本語にすることができる。英語を学んだ通詞はいるが、この段階では外交交渉の英文に関わらない。

水野はおそらく永井の協力を得て、粘りに粘った。眼目はスターリングの要求からロシアとの戦争の要素を徹底的に排除することである。英国の船（商船でも軍艦でも）が箱館と長崎に入港して、航海を続けるために必要なものを購入することができるという話に絞り込んだ。老中から許可を得てあったけれども下田寄港は認めなかった。

日米条約のような曖昧な領事駐在規定を持たず、日本側の英国に対する警戒が行届いた条文になっている。英国は改めて条約交渉をしない限り、これを変更することはできない。日本語文の書面に奉行の水野と目付の永井が署名し、英文の書面にスターリングが署名した。日付は和暦が八月二十三日である。日米のときと違い、漢文の書面は作られなかった。

日英約定より後になったけれども、水野は九月二日、オランダ商館長クルチウスに対し、日米条約の下田箱館開港（寄港許可）を均霑すると通知した。長崎での通商はこれまで通り、それに日米条約均霑が加わるので、約定はなくともオランダが最も優遇されているのだと念を押した。

クルチウスはスターリング提出の文書を何度も翻訳させられて時間を取られたけれども、水野の交渉は高く評価した。この時点では未だ日米の条約文を教えられておらず、日露についてはプチャーチンが長崎を離れてからの経過を知らないままなのだがロシアも何か獲得したかもしれないと想定し、それらが共にオランダが長崎で与えられている通商の権利には及ばないものだと確信する。スターリングが獲得したのは、それよりも更に小さいと正しく判断した。オランダが条約交渉に踏込むべきか迷うところも興味深い（フォス美弥子編訳『幕末出島未公開文書――ドンケル＝クルチウス覚え書』新人物往来社・一九九二年。「十月十八日（八月二十七日）とその前後」）。

均霑の報と、短期間ながら海軍伝習を行い日本の海軍建設の意志を確かめたという実績とを持って、ファビュス艦長は九月五日に長崎を去った。前年から保留気味となっていた軍艦建造の煮詰めた依頼その他の文書類は、スンビン号の出発に間に合わず、商船サラ・リディア（十月十日発）が持ち帰った。

在任期間を終えた水野忠徳は十月四日発で江戸に向った。すでに交替の荒尾石見守成允が着任していた。長崎は、荒尾奉行・永井目付という布陣となる。江戸に戻った水野は十二月二十四日、勘定奉行に昇進した。

露艦大坂へ、箱館奉行再置

三月に長崎を去ったプチャーチンは、八月晦日《みそか》（大の月で三十日、以下三十日の場合は単に「晦日」あるいは「晦」とすることが多い。小の月二十九日晦日は文中で注意を喚起する）箱館に現われた。そこで幕府の箱館体制を見ておかなければならない。ペリーが行ったことも。

神奈川で和親条約を締結したペリーは、直ぐに下田を調べ、次いで箱館に航した。先発のマセドニアン号などは和暦四月十五日に箱館入りし、ペリーのポーハタン号が同二十一日だった。ところが箱館はまだ松前藩領で、日米条約に応ずる体制はできていなかった。陸奥の三廐《みんまや》まで来ていた徒目付の平山敬忠《よしただ》（のち外国奉行）らが箱館に急行したが、権限を与えられていないのだから無理だった。ペリーは去って下田へ戻る。下田では協議体制が整いかけていた。

いまの問題は箱館である。幕府は六月二十六日に箱館および周辺の土地を松前藩に命じて上知させた。次いで同月晦日に箱館奉行を再置し、勘定吟味役の竹内保徳《やすのり》を復活初代奉行に任じた。

竹内の御暇（江戸を出発するとの将軍への挨拶）が閏七月十五日で、同日受領名《ずりような》を称する資格を与えられ下野守《しもつけのかみ》を伺った。竹内下野守は後に勘定奉行兼帯外国奉行として遣欧使節の首席となる。

次いで八月二十七日、目付堀織部《おりべ》（未だ織部正ではない）利熙《としひろ》を再置二人目の箱館奉行とした。堀利熙は六月から樺太へ調査に行き、八月二十日に箱館まで戻り、そこに留るよう命ぜられていた。竹内保徳が江戸で任命され、ゆっくり準備を整えて赴任したのに対し、二人目の奉行は現地での任命だった。堀の樺太行きは、ロシアと国境問題を協議するための準備である。奉行に昇進すると共に「織部正《おりべのしよう》」を称する資格を獲得した。竹内下野守と堀織部正の二奉行が、任地から連名の文書を発することが何度か確認できる。あまり先回りするとかえって混乱するかもしれないが箱館奉行は三人のときもある。また江戸・箱館間を船で移動することもあった。船での移動は長崎奉行より遥かに早いのだが、定着したわけではなかった。

このように体制が固まりかけた箱館に、プチャーチンが現われた。長崎に来たときのパルラダ号を捨て、シベリア東岸の基地で新着の帆船ディアナ号に乗換え、改めて日本を目指したのである。箱館入港は前記したように八月晦日だった。竹内下野守はまだ着任していないが、堀織部正が現地にいた。しかし堀とプチャーチンの会見は、訪問について双方に独自の理屈があって実現しない。プチャーチンは大坂へ行くという老中宛（露使応接掛宛のつもりか？）文書を箱館に残して去った。大坂に応接の準備をしておけ、もし江戸に来てほしいのなら、その旨を大坂まで通知せよというものだった。箱館奉行所が預かったこの書面が江戸に届いたのは九月二十八日である。

プチャーチンのディアナ号は九月十八日、大坂の天保山沖に錨を下した。箱館からの書面が江戸に届く十日前なのだから、大坂は何も知らない。大坂城代土屋采女正寅直《うねめのしょうともなお》（常陸《ひたち》土浦藩主）は江戸の老中に伺いをたてる。その伺いが江戸に着いたとき、まだ箱館からのプチャーチン書簡が届いていなかったのだから、なんとも間が抜けた話だ。老中はプチャーチンの意図を知らないまま、退去させるようにと大坂城代に指示し、目付や徒目付に、京・大坂への出張を命じた。その後で前記したように九月二十八日、プチャーチン書簡が届く。老中は翌二十九日（小の月で晦日）プチャーチンへのオランダ語の返書（下田へ廻れというもの）を添えた大坂城代への指示を発した。

九月晦日の老中返書（それをプチャーチンに示せという大坂城代宛の指示）が大坂に届く直前の十月三日朝、ディアナ号は突然動いて天保山沖を退去した。大坂町奉行が大坂城代に宛てた報告に「俄ニ《にはか》安治川沖退帆……」と書くから、意外だったのである。実は大坂では九月晦日の老中達が着く前に（老中の指示が長崎か下田に行かせよというものだった段階で）行き先を下田に絞り込んだ交渉を続けていた。プチャーチンとしても長崎はイギリス艦隊との接触の可能性が大きく危険だから、下田を選ぶしかない。下田に無事に入れるよう大坂町奉行の証書を要求した。まず証書の草案を見せ、次いで正規のものを与えて草案を取返そうとしているところで、突然動いたのである。下田に行くために必要な水や食糧を渡す交渉の途中だった。

大坂町奉行の佐々木信濃守顕発《あきのぶ》と川村対馬守修就《ながたか》は、連名で下田奉行に宛てて事情を急報した。

この急報（ディアナ号が去りおそらく下田に向うだろうという大坂町奉行の手紙）に九月晦日の老中のプチャーチンへの返書（諭書）のことは出ないから、まだ大坂に届いていなかったのである。いささかくどくなったのは、老中の諭書を受取ってディアナ号が動いたというのが牢固たる定説だったからである。一九九九年に出した拙著（『幕末・京大坂 歴史の旅』朝日選書）で右の経緯を披露し定説を咎めたのだが、どの程度に受け容れられているのかを知らない。

下田津波と日露条約

ディアナ号は十月十四日に下田に接近した。そのときには大坂町奉行連名の急報が下田に届いていた。下田で交渉するという老中の方針も明快だったから、ディアナ号受入れに問題はない。江戸で待機していた露使応接掛が下田に出張する。応接のチームに勘定吟味役の村垣範正《むらがきのりまさ》が加わる。村垣は堀織部と共に夏から秋にかけて樺太まで視察に行った。堀は箱館に留って奉行に任命され、帰府した村垣は、下田に来たプチャーチンとの談判で、国境問題を担当することになった。堀と連名の蝦夷地調査報告書が村垣の手許に揃うのは、下田に移動してからである。

露使応接掛とプチャーチンの交渉は十一月一日から開始された。一日には日本側が福泉寺で御馳走、翌日はディアナ号でロシア側が歓待、実質的な談判は三日からだった。その翌日すなわち十一月四日が地震と津波である。ディアナ号は壊滅的な被害を受けた。修理予定地となった戸田《へだ》まで行き着くことができず沈没した。戸田では日本の大工が新しい船を作ることになり、下田に戻ったプチャーチンは条約交渉を続ける。調印は十二月二十一日（グレゴリオ暦一八五五年二月七日、ユリウス暦＝ロシア暦一月二十六日）。ロシアに対して下田・箱館・長崎の三港を開く。ロシアは下田もしくは箱館に領事を駐在させることができる。エトロフは日本領、ウルップから北の千島はロシア、樺太については境界を定めないことになった。

こうして嘉永七＝安政元年に日米・日英・日露の三条約が結ばれた。アメリカに対しては下田と箱館の二港、下田に領事を駐在させる規定が曖昧、後で問題が起こる。イギリスに対しては長崎と箱館の二港で領事駐在規定はなし。ロシアに下田・箱館・長崎の三港。下田もしくは箱館に領事駐在が可能。ロシアとだけは国境問題がある。長崎で通商をしているオランダに対しては、下田と箱館の開港が均霑されたが条約は結んでいない。

三月に神奈川でアメリカと条約を結んだとき、応接掛の筆頭は林大学頭である。この話の初めに出た浦賀奉行の戸田氏栄と井戸弘道は共に外された。林大学頭に続く井戸対馬守覚弘は（江戸）町奉行である。町奉行の井戸覚弘と、大目付に転じた井戸弘道とを混同する記述があるので要注意。伊沢政義については前に少し踏込んで書いた。林大学、町奉行の井戸、問題の伊沢、それと目付の鵜殿民部少輔長鋭《ながとし》が三月三日の日米条約に調印。

八月二十三日の日英条約は、長崎奉行の水野忠徳と長崎駐在目付の永井尚志である。現地の奉行と目付だけで済ませた。日英には領事駐在に関する規定がない。譲らないことを評価するのであれば、下田を開かなかったことと共に、水野の功績に数えて良いだろう。

日露の場合は長崎まで出掛けた露使応接掛の再登板だが、下田に向う前の筒井政憲と川路聖謨の二人が、老中阿部正弘と微妙な遣り取りをしている。プチャーチンとの交渉は我々二人で行い、下田奉行には関与させない。長崎に帯同した儒者の古賀謹一郎を今回も連れて行くけれども、あくまで翻訳御用のためで交渉担当者の扱いはしないというのである。阿部老中は二人の申出を承認した。条約和文に署名したのは筒井肥前守・川路左衛門尉の二人のみである。漢文には古賀謹一郎が署名した。「条約横文字和解」に通詞の森山栄之助が署名するのは新しい事態だった。これには露暦（ユリウス暦）一八五五年一月二十六日と蘭暦（グレゴリオ暦）二月七日が併記されプチャーチンとポスエットの署名が写されている。目付の署名はどこにもない。

日米条約の漢文とその和訳文の日付は「嘉永七年三月三日」、日英の和文は「嘉永七甲寅年八月二十三日」、これに対し日露の和文では「安政元年十二月廿一日」同漢文は「大日本安政元年甲寅十二月廿一日」である。十一月二十七日に安政と改元された。幕府が総登城を命じて改元を告げ、津々浦々まで徹底させよと達したのは十二月五日である。それ以降の公式文書では月日の上に「安政元年」が被せられる。

歴史的な記述は改元年について、正月から新元号を使うのが普通だった。いまでも年表類で一年を改元前と改元後に区分することはやらない。しかし叙述の上では改元前に旧元号を使う主義の人が多くなり、新元号で通すと誤りだと判定されることまで起こるようになった。この本では用心して両元号を併記することが多いけれども、基本的には歴史的記述は新元号で良いのだと念のため書いておく。

三　蘭露と通商条約

人材群の一方の核

併記する必要のなくなった安政元年の末、旗本小普請の蘭学者勝麟太郎は、伊勢射和《いざわ》の商人学者竹川竹斎《たけがわちくさい》から著書『護国論』を贈られたのに礼を述べて、御目付大久保右近将監《うこんしょうげん》は「殊更《ことさら》之人物、学問心術兼備之一大英傑」だから、この人には内見させようと思うと書く。大久保右近将監忠寛《ただひろ》(「はじめに」で説明抜きで大久保一翁)は、この年の五月九日に徒士頭から目付に抜擢された。その大久保と勝は、遅くとも十二月には、竹斎に向けて右のように書くことができる関係になっていた。幕末人材群の一方の核が形成されたのである(この手紙を「八月晦日」付だと信じている人が多いのだが実は「十二月廿六日追認」なので右に遅くとも十二月までにはと書いた。詳しくは松浦『勝海舟』(筑摩書房・二〇一〇年)の注25参照)。

年が明けて安政二年、正月十八日付の勝麟太郎宛大久保忠寛書簡がある。今日の「蘭黌《らんこう》御出役」を祝い、自分の伊勢・大坂方面視察旅行に同行願うので、その手続をとるというものである。蘭黌とは蕃書調所《ばんしょしらべしょ》となる予定の組織で、まだ名前はついていないのだが、小普請の小田又蔵と勝麟太郎とが、そこへの出役を命ぜられた。異国応接掛（下田応接掛）の筒井政憲・川路聖謨・水野忠徳・岩瀬忠震《ただなり》の指揮下に入る。事務所もまだないので、天文方の役宅を借りて翻訳御用を務めさせるとの指示が出た。

勝麟太郎は、その「蘭黌」出役が決まるのと、大久保忠寛に同行して伊勢や大坂に行くのとが重なったのである。手紙の遣り取りで見ると、決まったばかりの「蘭黌」出役を休ませて旅行に連れだす手続は、目付の大久保がとったようだ。出発は正月二十三日だから慌ただしい。

話の都合で大久保忠寛が先に出たが、巡見団の主席は勘定奉行の石河《いしこ》土《と》佐守政平《さのかみまさひら》だった。目付の大久保は次席格である。勝麟太郎は、大久保忠寛に懇望されて同行し、帰府は四月だった。

二つのことを指摘しなければならない。一つは、ディアナ号の侵入を許した摂海（いまの大阪湾）は、防ぎようがないということである。報告書を出さなければならないので、友ヶ島に砲台をなどと立案はするけれども、児戯に類することだと勝は自認していた。海軍が必要なのである。

もう一つは、勝が江戸を留守にしている間に蕃書調所設立の準備が進むことである。これは小田又蔵が担当した。出発前に勝が大急ぎで立案したのだと強弁する向きがあるけれども賛成できない。勝が巡見に出たことを知らないのではないかと思われる記述は論外であろう。小田と勝の二人に限って言えば、勝の留守中は小田又蔵が主役である。ただし八月晦日に蕃書調所の前身である「洋学所」の頭取に古賀謹一郎が任命されることを含んでおかなければなるまい。それと勝が七月二十九日に長崎海軍伝習の幹部学生になることを命ぜられて「蘭黌」洋学所→蕃書調所の線から外れてしまうことも。

洋学所→蕃書調所も人材源として重要だが、いまは長崎を先にしよう。ロシアとの条約を下田で結び、米船の渡来も重なるため、下田応接掛＝異国応接掛という現象が生じ、筒井・川路・水野・岩瀬の四人が外交専門集団とみなされるようになるのだが、元来の外交窓口は長崎であり、そこではオランダが頑張っている。

暫定協定廃棄と日蘭和親条約

安政二年六月九日、オランダ軍艦へデー号とスンビン号が長崎に着いた。去年外輪船スンビンで来て短期間ながら長崎地役人に海軍を教えたファビュスが、今年はスクリュー推進のへデーに搭乗しスンビンを伴って現われた。注文された軍艦の建造は手間取るので、とりあえずスンビンを献上するというのである。ペルス・レイケン以下の第一次教師団が乗組んでいた。

ファビュスは商館長クルチウス（このときオランダ本国の理事官に任命された）と協議し、スンビン号による海軍伝習の開始と、和親条約締結とを、交換条件のように使う外交的駆引を試みた。江戸がスンビン贈与受入れと海軍伝習開始を決めて学生の任命を開始したので、長崎奉行はファビュスとクルチウスの提案を拒否できない。この問題が片付けば江戸に帰る予定の荒尾石見守成允と、新着の川村対馬守修就とは、長崎奉行限りの約束を取交し念書を入れるなど少しずつ譲歩し、九月晦日にいたり二十九条の「取極書」に調印した。正規の条約を結ぶときはこれを廃棄するけれども、手間取るようであればこの「取極書」を条約扱いとし、批准もすると取極めた。

ファビュスは「取極書」に満足して十月六日にヘデー号で長崎を発し帰途についた。しかし江戸はこの「取極書」を承認しなかった。やりなおしを命じて来る。ファビュスが去ったあとだが、クルチウスは再交渉に応じた。江戸が承認しなかった条項（借地権や建物所有権など）は削除されて十二月二十三日に日蘭和親条約が調印された。

日本側の記録では九月晦日の「取極書」（暫定協定・仮条約）が廃棄されて十二月二十三日に和親条約が結ばれたことに疑問の余地はない。

しかしオランダ側の記録は混乱している。廃棄された九月晦日（一八五五年十一月九日）の取極書と、江戸の指示のもとに調印された十二月二十三日（一八五六年一月三十日）の和親条約との区別がついておらず、前者が一八五五年十二月一日（和暦十月二十二日）に発効したと断定したものまである。

困ったことにオランダの間違った記述を鵜呑みにして和暦十月二十二日に和親条約が発効し長崎海軍伝習が始まったと断じたもの（藤井哲博『長崎海軍伝習所』中公新書・一九九一年）があり、それが定説だと思って利用する人が少なくない。

和暦十月二十二日に発効したのは「取極書」の第一条だけである。「取極書」の全体を江戸が承認しなくても、この第一条だけは長崎奉行の責任で発効させると念書が入れてあった。オランダ人が日本人の附添いなしに出島から出て目的地に行くことができると規定したもので、これにより海軍伝習を開始する条件ができた。

しかしまだ始まりはしない。矢田堀鴻《やたぼりこう》（景蔵）や勝麟太郎の乗る昇平丸が長崎に着いたのが十月二十日である。陸路組は同二十七日に奉行所に挨拶に来たとの記録が残る。二十二日開始は不可能である。担当目付の永井尚志が江戸から来た幕臣伝習生をペルス・レイケンに紹介した一統入門は十月二十九日（小の月で晦日）だった。

これは「一統入門」であって伝習の訓練開始ではない。訓練は和暦十一月二日（グレゴリオ暦十二月十日の月曜日）からである。伝習開始日の諸説を整理列記して松浦説を「十月三十日」とする「論文」があり迷惑。安政二年十月は小の月で三十日は存在しないのだから迷惑の二乗だ。

香港総督の予告

ファビュスは翌安政三年の七月八日、こんどはスクリュー推進蒸気軍艦のメデュサ号で長崎に来た。彼は入港してクルチウスに会うまで取極書が発効したと信じていた。批准書を持参したらしい。さすがに批准書を日本側に見せることまではしなかった。しかしファビュスと前後して香港を通過したアメリカのハリスは（香港からマカオに往復するためすれ違いになるのだが）批准書携行を聞かされて、下田到着後の日米関係に混乱が起ることを後述する。

そのハリスのことは後回しで、いまは長崎に三度目のファビュスである。ファビュスは香港を通過するとき、英総督ボーリングから、大艦隊を率いて長崎に行き通商を迫るという目論見《もくろみ》を聞き、それを日本の当局者に予告するよう依頼された。通商条約のサンプルとして英国がシャム国と結んだ条約をあずかる。ボーリングはスターリング（と水野忠徳）の和親条約に不満で、自分の手で本格的な通商条約を結びたかった。

ファビュスは日本側に予告するというボーリングとの約束を守っただけではない。クルチウスと協議し、英国に便乗してオランダ自身が本格的な通商条約を求めようと目論んだ。長崎奉行や長崎在勤目付は、説得されて両国との通商条約締結を江戸に具申した。

長崎からの急報や具申を受けて、江戸では九月十六日に大目付土岐丹波守頼旨《ときたんばのかみよりむね》・勘定奉行川路左衛門尉聖謨・同水野筑後守忠徳・蕃書調所頭取古賀謹一郎・勘定吟味役中村為弥《ためや》・勘定組頭菊池大助に長崎出張の準備をせよと命じた。翌十七日には長崎奉行に宛てて、英国使節の船が渡来したら長崎港へ引止めて置くようにとの指令が発せられた。交易の要求を拒否することは難しい、つまり江戸から行く応接団は通商条約の交渉に応じる用意があるのだという含みを持つ指示だった。評定所一座など各クラスの審議が急ぎ行われ、イギリスと、それに便乗するオランダの要求を拒否することは難しいという判断になっていたのである。

既に堀田正睦が老中に復帰して首座だけれども、長崎奉行への指示は阿部伊勢守から渡された。ここまで外交関係のことがらは阿部正弘が扱う例が多い。ところがイギリスの大艦隊が現われるのを待ち構えている十月、主席老中の堀田備中守正睦が外国事務取扱に任じ海防月番を一手に引受ける。勝手掛はもとのままというのだから、堀田は勝手方と外国方の両方について強大な権限を持つ。イギリスに便乗したオランダの策略が効いて通商条約が避けられないという気分が拡がり、慎重派の阿部正弘から積極派の堀田正睦に主導権が移動しかけたのである。

同じ十月、前記した長崎派遣メンバーに加えて、若年寄、勘定奉行、目付から何人か、更に堀田自身が、貿易取調掛に任命された。下田でハリスに会った（後述）目付の岩瀬忠震も、追加された一員である。

しかしボーリングは来なかった。華南の紛争がアロー号戦争（第二次アヘン戦争、グレゴリオ暦十月八日、和暦九月十日発火）へと拡大し、処理を誤ったボーリングは格下げとなる。代りに任命されたエルギンがアロー号戦争も対日交渉をも担うのだが、清国で手間どった分だけハリスに先を越された。

阿部死去と追加条約

ボーリングが来ないと解ってオランダは方針を修正する。〝イギリスを初めとする諸国との本格的な通商条約交渉を長崎で行わせ、それをオランダが対日貿易先輩国として、また通用言語優位国として取りしきる〟という大戦略は難しくなった。しかし英国ショックで状況が動き長崎奉行や目付が好ましい反応を示してくれたことを活用し、オランダ一国だけでも和親条約から通商条約に進めばよいのではないか。

江戸では英国が来ないと知って応接の体制が緩和された。前記した貿易取調掛のうち、勘定奉行と目付から各一人を長崎に送ることになり、水野忠徳と岩瀬忠震が行くと決まった。勘定奉行の水野は臨時に長崎奉行を兼ねる。発令が安政四年の四月十五日で、水野への長崎奉行兼帯は将軍が直々に命じ、任務の内容については老中堀田正睦が二人に申渡した。「諸般御取締筋は勿論、貿易筋之儀十分に取調、帰府之上委細申聞候様可致候」だから、長崎で何かを決めるのではない。十分に取り調べて江戸に戻り報告せよというのである。

この出張は長引いた。水野の長崎着が閏五月二十七日で、岩瀬は同二十九日。この二人は八月二十九日に日蘭追加条約を、九月七日に日露追加条約を結ぶことになる。名前は「追加条約」だが、これは実質的には通商条約である。

簡単にそこまで進んだわけではない。特に水野には、そのつもりがなかった。長崎に着いてから二十日足らずの六月十五日付で、同役勘定奉行の松平河内守近直《ちかなお》に宛てた長い手紙がある。初めの方では長崎のオランダ人を取締る規定のことが細かく述べられる。次いで海軍伝習の現状を書く。貿易のことはなかなか出て来ない。

水野は伊沢謹吾（前年の九月に補充艦長候補として長崎に来た）の通訳でオランダ人教師と会話した。第一期伝習生の大部分は、艦長となった矢田堀鴻が操艦し初代伝習所長（目付）永井尚志が搭乗する観光丸（スンビンの日本名）の乗員として江戸へ向い、艦長候補の勝海舟は少数の幕臣伝習生と共に残留している。もう一人の艦長候補だった永持亨次郎は、長崎奉行所の吏職に戻った。永持は徒目付として長崎在勤中に海軍伝習の幹部学生になることを命じられたのだが、適性がないと悟ったのか吏職に戻り、安政三年十二月二十八日に長崎奉行支配吟味役に任じられた。伊沢は永持の代りの艦長候補である。

水野忠徳が松平近直宛の手紙を書いている安政四年の六月十五日、伝習生は勝麟太郎ら残留組と伊沢謹吾ら補充組とで小人数である。永井が帰府したあとの担当目付（伝習所長）は長崎在勤目付だった岡部駿河守長常《ながつね》が横すべりして二代目だ。岡部の後任の長崎在勤目付として木村図書喜毅が赴任してきた。このとき岡部の帰府が決まっており、そのあとの伝習担当目付は木村である。木村の後任の長崎在勤目付として、松平久之丞正康が赴任の途次。

水野は伝習の様子を観察する。観光丸は江戸に行き、新造を注文した軍艦はまだ届いていないので、このときは練習艦がなく板書による講義が中心である。オランダ人教師の講義を、その場で通詞が訳して伝習生に聞かせる。オランダ語の達者な学生とできないものとを区別しない。残留組と補充生が同等に扱われていた。

水野は伊沢謹吾がよくできるので御褒詞を申請と書きながら、そこへ付箋を貼り撤回した。不行跡の仲間として遊びまわる弊を免れず、と聞き込んだのである。伝習生の風儀が乱れていると厳しく糾弾した。

長い手紙の終り近くになり、ここに書いたことは秘密だけれども「伊勢殿には委細に被仰上置被下候様仕度奉存候」、阿部正弘にだけは詳しく話しておいてくれと頼んだ。

まさかこの手紙の日付の二日後に死ぬとは思っていない。首座であり直接の担当者でもある堀田正睦を外して、わざわざ阿部の耳にだけ入れよと希望した。水野も松平近直も阿部派だった。

堀田正睦が水野に手交した派遣命令には、長崎で「貿易」のことを取調べよと明記してある。しかし、この長い同僚宛の手紙で水野は、貿易に積極的でない。その理由の一つに「左衛門尉殿応接之頃御約束之次第も有之」と書かれている。前記したように川路左衛門尉聖謨が露使応接掛の主役として長崎に来たとき、もし条約を結ぶとなればロシアが最優先だと約束した。そのとき長崎奉行だった水野は、経緯をよく覚えている。再来のペリーと日米和親条約を結んだのが既に違約だったのだが、あれは通商条約ではないという言い訳が、プチャーチンに対してだけでなく、国内向け、京都朝廷向けにも通るところがあった。プチャーチンについて補足すれば、大阪湾まで乗込んだのを下田に迎えて日露和親条約を結び（安政元年十二月）アメリカだけでなくイギリスより更に後になったけれども、一応の区切りはついていた。

しかし通商条約の話になれば、改めて川路左衛門尉の「御約束」が問題となる。簡単に進めることはできない。安政四年に長崎に来ても水野はそう思っており、それは堀田正睦はともかく阿部正弘には通じるだろう。まさか手紙に入れた日付の二日後（六月十七日）に死ぬとは想定しなかった。

この手紙が江戸に届いたときは既に阿部正弘の葬儀も終っていた。水野の通商条約慎重論は、呼応してくれる筈の老中を失ったのである。手紙は「堀田正睦外国掛中書類」に綴込《とじこ》まれた。堀田は推進一筋である。水野書簡の相手松平近直は七月二十四日、田安家老に左遷された。

水野と共に長崎滞在中だった目付の岩瀬忠震は通商条約推進派である。激論が交わされた。水野不利、岩瀬有利だった。専任奉行の荒尾成允を加えての公式の上申書は、交易規則の制定に傾いて行く。これまでのオランダ貿易は、幕府独占の会所交易が主、商人の取引が従だった。それを逆転させ、商人の取引を主、会所交易を従としようというものである。完全な自由取引ではなく会所役人が立会うけれども、商人主体の貿易である。

この交渉をオランダと進めている最中に、問題のプチャーチンが長崎に入港した。いったん退去するけれども、通商条約締結の意志を固めて、再び現われた。ロシアとの約束に拘わっていた水野も楽になる。

安政四年八月二十九日（グレゴリオ暦十月十六日）日蘭追加条約が調印された。続いて九月七日（グレゴリオ暦十月二十四日・ロシア暦＝ユリウス暦十月十二日）日露追加条約が調印された。幕府が最初に結んだ通商条約である。元長崎奉行の水野忠徳勘定奉行が、臨時に長崎奉行を兼帯して長崎で結んだ。目付岩瀬忠震が同行し、終始積極的だった。

伊勢殿の耳にだけは入れておいてくれと書いた江戸の同僚宛水野書簡から察せられるように、阿部正弘が生きていればブレーキがかかったかもしれない。しかし阿部老中亡きいま、水野は彼なりに得心してここまで運んだ。長崎の会所交易を商人主体の貿易に切替え箱館交易を追加したのである。オランダにとっては切替と追加だが、これまで和親条約だけだったロシアは、新たに長崎と箱館での交易を獲得した。制約はあるけれども商人と商人の取引が可能となった。

和親条約はまずアメリカと神奈川で結ばれ、下田と箱館が開かれた。通商条約は長崎で、オランダとロシアが先行した。純然たる通商規定であって、公使（外交官）首都駐箚《ちゅうさつ》のような外交規定を持たない。

オランダとロシアは、とりあえずそれで我慢した。阿部正弘亡きあとの水野忠徳も、ここまでは許容した。

ロシアとの条約に調印した日、水野は江戸の同役勘定奉行の川路聖謨と土岐朝昌《ともむね》に宛て（松平近直は左遷）手紙を書いた。オランダに続けてロシアとも結んだので、イギリスやアメリカも、この線で押さえたいと希望する。「先年左衛門殿御出張之節の如く帰府已前に亜墨之方ニ而相済候様ナル次第ニも至候而はいかにも御不都合と可相成候まゝ……」と念を押した。安政元年に、川路がプチャーチンの要求を断り通して帰ったのに、再来のペリーとの和親条約交渉が既に始まっていた。そのときのことが持出される。こんどは川路でなくて水野自身がそういう破目に陥ることを警戒した。しかし結局はそうなった。アメリカのハリスが水野の線を突破する。

岩瀬忠震も同じ日に、江戸の同役目付鵜殿長鋭や永井尚志に宛て手紙を書いた。文中に「余桂激論を発し漸々筑州をも説破」というくだりがある。消極的だった水野筑後守忠徳を論破して条約締結に賛成させたと自負。微妙なところだ。岩瀬は江戸に帰るとハリスとの条約を担当し、水野（と岩瀬自身）が長崎で設定した線を固守しなかった。

四　将軍継嗣問題

ハリス下田駐箚

長崎の動きを優先させたので、ハリスについては、香港でファビュスとすれ違ったことを述べたまま後回しになっていた。ハリスは安政三年七月二十一日に下田着。日米条約の英文（とオランダ語文）には、一方が（つまりアメリカが）必要と認めれば下田に領事を駐箚させることができるとの規定がある。ところが日本語文は双方が必要とみとめる場合のみ（つまり日本側に拒否権）だった。日本語文のもとになっていた漢文は曖昧なので紛糾した。

このときの下田奉行で任地にいたのは岡田備後守忠養《ただやす》である。江戸に通報すると直ぐに在府奉行の井上信濃守清直《きよなお》（川路聖謨の実弟）がやってきた。あとで目付の岩瀬修理（前出伊賀守だが、いま書いている時期が先で、長崎出張時が伊賀、岩瀬は更に肥後守と改称してこれがよく知られている）忠震が来て、三人で応接する場面もある。

領事駐箚の件はハリスの主張が通った。日本側でもオランダ語文とオランダ語経由の日本語文が、漢文経由の日本語文と異ることに気付いており、いずれ問題が生じるだろうと予期していたのである。以後は漢文を中に入れることが廃止された。オランダ語経由のみとなる。

これはまあ仕方がなかった。次の大問題は金銀貨の交換比率である。ハリスは、彼の持つメキシコドル銀貨と、日本の一分銀とを、重量だけで交換しようと提起した。日本側の三人（岡田・井上・岩瀬）は、的確に反応する能力を持たず、報告を受けた江戸の閣老からも有効な指示が届かない。日本側はハリスの無茶苦茶な主張に押切られた。

一分銀という呼称が示すように（一分は一両の四分の一）、この銀貨は金貨代行的な役割（計数銀貨、強いて言えば紙幣と同種）を持たされていたのだが、そのことを江戸幕府の重役は自覚していなかった。一分銀四枚が一両では、このときの国際的な金銀交換比率と異る。なぜそのようになったのか、どうすれば良いのかを、このときの外交担当幕吏は判断できなかった。

この問題が理解できていない状態のまま、下田奉行は翌安政四年の五月二十六日、ハリスとの間で議定書を取交わした。その第三条に、金は金、銀は銀と重量を基準に交換するとの規定がある。これが安政五年の日米通商条約に引継がれて金の大量流出が起こるのだが、詳しくは江戸での条約交渉のところで述べる。ただし先述（話の都合で先述したが時間的には後になる）日蘭および日露追加条約で銀貨のことは明確に規定されており、水野忠徳はもちろん岩瀬忠震も遅くともこの時には理解できた筈だ。帰府後に外された水野はともかく、江戸での条約交渉の主役となる岩瀬の心中に何かが起こった。あらかじめそのことに注意を喚起しておき、下田のハリスに戻る。

ハリスは下田に着いた年（安政三年）の九月、自分は単なる領事ではなく重大な用件を委任されているのだと言いだした。首都である江戸に行き将軍に会いたいと要求。幕府の対応は年を越して安政四年となり、阿部正弘死去のときも決っていなかった。しかし阿部没直後に堀田正睦が、ハリスを江戸に呼ぶと決断。これ以後は万事がハリスとの応接を基軸として動くようになる。

政局中の政局

松平慶永は安政四年の九月六日に堀田邸を訪れた。阿波徳島の藩主蜂須賀《はちすか》斉裕《なりひろ》が同行。松平阿波守を称する斉裕は十二代将軍家斉の二十二男で蜂須賀に養子入した。斉裕一代は将軍の実子という続柄が有効に働く。

慶永と斉裕の二人は、同格大名連名の意見書を持参した。連署筆頭は松平越前守（慶永）で、以下松平阿波守、松平三河守（美作津山藩主慶倫《よしとも》）、松平相模守（因幡鳥取藩主池田慶徳《よしのり》、徳川斉昭《なりあき》の子）、松平兵部大輔（播磨明石藩主慶憲《よしのり》）と続く。

堀田は警戒したが、意見書の趣旨が条件をつけながらもハリス出府登城を容認するものなので安堵。その旨を挨拶。慶永は継嗣問題を気にしていたけれども、この日はほのめかしただけ、堀田の反応も判然としない。

慶永が改めて単独で堀田を訪問したのは九月十六日である。堀田は紀州公（のちの家茂。このとき慶福）が血統も近く、この御方こそという意見だった。慶永は、平時なら血統が近いことが大切だが、多事の折から年長で器量に勝れる一橋慶喜を立てることが必要と説き、堀田に深く遠く考えると答えさせた。中根雪江の『昨夢紀事』がそのように記録。

中根は同席したわけではなく慶永から聞かされたのだが、この時期の『昨夢紀事』は日付入の書簡が全文引用されるなど密度が濃くなっており、関連する雪江自身の行動も記録され、他の事件との日程に矛盾がなく信頼性がある。慶永や堀田正睦の発言の細部は、録音再生ほどの保証はできないけれども、大筋に間違いはないだろう。

この安政四年九月、島津斉彬は鹿児島（江戸四月三日発）。一族の娘を近衛家の養女として将軍家定に嫁がせる（安政三年十二月、敬子＝篤姫）という仕事を果しての帰国だった。篤姫に子供ができることまでは望まず、継嗣問題で慶喜を押すのに役立てばと期待した。六月の阿部正弘死去は誤算だが、鹿児島は遠くすぐには動けない。西郷隆盛を江戸に送り、松平慶永の御家来同様に使ってくれと希望するなど、手紙に頼るしかなかった。

慶喜という案に対しては慎重に反応した堀田正睦も、松平慶永と蜂須賀斉裕が連名で建議することには異存がない。堀田の同意を得て、慶永と斉裕は建白の用意に取りかかる。年長「老練」な斉裕（このとき三十七歳、松平慶永は三十歳）は、草稿を若年寄の本郷丹後守泰固《やすかた》（長く側用取次、駿河川成島一万石）に見せるという手順を踏んだ。本郷が「当時之勤にては是迄之通には難相成儀に御座候」と警告して来るのは、阿部正弘在世中のようには行かぬという意味だろう。堀田は阿部の体制を払拭《ふっしょく》することにも努めていた。松平慶永や蜂須賀斉裕が期待してはいけない。そのように注意する本郷が南紀派だという問題もあるのだが。

九月十日、老中牧野忠雅《ただまさ》（備前守、越後長岡藩主）が罷免された。同十三日に松平忠固《ただかた》（伊賀守、信濃上田藩主）が老中再任である。松平伊賀守は安政二年八月、阿部正弘首座のとき罷免されており、いま伊勢没後に復活した。同じときに罷免された松平乗全《のりやす》（和泉守、三河西尾藩主）は、老中には復さなかったが溜間詰格に昇格させられた。先に阿部派の勘定奉行松平近直が左遷された（七月二十四日）のを加えると、小政変という印象を与える。

特に再任老中の松平伊賀守忠固が面倒だった。継嗣問題で苦慮中の松平慶永は家臣の中根雪江共々、松平伊賀に関する情報を得ようと苦心する。しかし後述するように、彼に対する判断は甘かった。

松平忠固を老中に、松平乗全を溜間詰格とした九月十三日、堀田正睦は溜間詰大名や他の譜代大名、布衣《ほい》以上の幕府役人に対し、ハリスを将軍に御目見させるので、当日は直垂《ひたたれ》・狩衣・大紋・布衣着用で登城するようにと達した。法眼・法印は其装束でと念入りである。松平慶永が堀田を訪れて一橋慶喜のことを話したのは、その三日後の十六日だと念を押しておく。

ハリスの下田発は十月七日である。その日、江戸に戻って海軍教授所を担当していた永井尚志は、長崎に残る勝海舟に宛てて、阿部伊勢守死去後は海軍のことは禁物だと書いた。堀田がハリスのことばかり気にして海軍には力を入れてくれない。その永井も長崎時代と同じく職分は目付で、ハリス上府掛の一員に指名されていた。彼を含む大目付・目付グループはハリス出府を容認する意見だったのだから（勘定方が反対）、事情なかなか複雑である。

江戸着は十月十四日。松平慶永と蜂須賀斉裕が連名の建議書を堀田正睦のところへ持参したのは、ハリス着府二日後の十月十六日だった。建議本紙では候補者の名前を出さず、別紙で紀州はダメで慶喜が良いとはっきり書いた。堀田は受取ると直ぐに懐中に入れ、何も意見を言わなかったらしい。ハリスのことで頭が一杯、落着いて読み意見を言う気分ではなかったろう。

慶永・斉裕連名の建議書を受取った二日後の十月十八日、ハリスが堀田邸を訪問した。次いでハリスは二十一日には江戸城に登り将軍家定に拝謁する。家定は発声に難があって足で床をトントンと踏み鳴らしたが、声が出てからはハッキリした言葉で語ったとハリスは日記に書く。会話したわけではなく家定は予め決められていた答辞を述べたのである。厚畳を重ねた上に置かれた曲録に座ったのだが、日本側記録には足を踏み鳴らしたとは書かれていない。ハリスは日本語を解さないが、外交交渉を重ねているので、相手の声がハッキリしているか曖昧かは判断できた。家定はキチンと答辞したのであろう。

ハリスの脅し

次いでハリスは二十六日、改めて堀田邸を訪問、通商条約の必要性を力説した。イギリスには侵略意図があると断じ、時期遅れのボーリングのことまで持ち出す。後でエルギンが献上用の豪華ヨットを持って来ることからも解るように、この時期のイギリスには日本侵略の意図はないのだが、国際情勢に疎い幕府に対しハリスの脅しは効目があった。十一月六日には応接掛の土岐頼旨・川路聖謨・鵜殿長鋭・井上清直・永井尚志がハリスの宿所（蕃書調所）を訪れて詳しい話を聞いた。

堀田は十一月十一日に御三家と溜間詰諸侯に、同十五日に他の諸大名に、ハリスの主張を示して意見を求めた。さまざまな反応がある中で、十一月二十六日に井伊直弼《なおすけ》を筆頭とする溜間詰大名が、散々留保を付けた上でのことだが、通商条約締結も已むを得ないという意見書を提出した。溜間詰を代表して老中に復し首座となったという面のある堀田にとっては、この意見が貴重だった。堀田は前へ進む弾みがつき、十二月二日に自邸へ三度目のハリスを迎える。

松平慶永と蜂須賀斉裕の建議書の方は、堀田からの返事が来なかった。慶永が幕閣の反応を少しだけ知ることができたのは、ハリス登城三日後の十月二十四日である。信濃高遠の内藤駿河守頼寧《よりやす》が帰国の挨拶に来て、老中の同姓内藤紀伊守信親《のぶちか》（越後村上藩主）から聞き出した話を伝えてくれた。老中らは「御親戚御家門の内にか丶る人々の坐するこそ、こよなき大家の御幸福なれ」と一同に感涙を流したのだという。慶永は喜んだ。この朝、在国中の尾張藩主徳川慶恕《よしくみ》に宛てた手紙を家臣に持たせて送り出したところだったので、この朗報を追加すべく急飛脚を立てたほどである。喜び過ぎだとの批評を免れない。

水野・岩瀬、それぞれ誤算

ハリスは十一月六日の応接掛への説明のあとは長く待たされていた。ようやく前記十二月二日の、出府以来三度目になる堀田邸訪問で、条約交渉を開始するとの返事を得た。翌三日、下田奉行の井上清直と、長崎から戻った目付の岩瀬忠震とが、交渉委員を命じられた。同日、消極派だった水野忠徳は勘定奉行から田安家老に遷される。

先に阿部正弘死去の直後に勘定奉行から田安家老に転じた松平直近は、十一月二十三日に病気辞任を認められた。その跡を同じ阿部派の水野が埋める。

水野は日蘭および日露の追加条約の線でアメリカも抑えるべきだという意見。同僚勘定奉行の川路聖謨に宛て、そう書いた。

岩瀬も同じく前記したように、帰路の東海道日坂の宿で、横浜開港を軸とする積極交易論を仕上げて、老中および同役の目付仲間に送った。ハリスの通商条約要求に応じ、横浜を開けと主張する。国内流通が大坂中心となっている実情を、横浜開港により江戸中心となるよう切替えよというのである。また横浜に外交官を滞在させれば江戸駐箚は必要ないとも論じた。

江戸に着いてからも十一月二十日に改めて上申書を提出し、横浜開港でハリスの意表を突き、官吏江戸駐箚を諦めさせよと提言した。ハリスは意表を突かれるのか。

そうは行かない。ハリスの用意していた修好通商条約案は、岩瀬の思惑を遥かに上回った。横浜ではなく江戸・品川・大坂・京都等々を開けというのである。また外交官が相互に相手国の首都に駐箚するのは、通商規定とは別で修好親善の問題だから、引っ込めることはありえない。

ハリスの要求で日本側委員に将軍の全権委任状が交付された。ハリスは大統領の委任状を所持していた。合意すれば調印できる。その点では国際基準に適う条約となる。長崎で日蘭と日露の追加条約を結んだとき、水野と岩瀬は、そのような手順が必須だとは考えていなかった。この差を痛感させられたのは、とりあえず岩瀬である。

金流出が決まる

交渉はハリス草案の逐条審議として開始された。日本側対案の目玉商品神奈川（横浜）開港をハリスは受入れたが、江戸開市要求を撤回しなかった。外交官の江戸駐箚は、日本側があっさりと呑んだ。京都開市は徹底的に拒否したが、大坂開市は兵庫（初めは堺）開港とセットで承認した。ただし江戸開市や、大坂開市・兵庫開港は、実施を日延することで合意し、あとで紛糾するのは後述。

商取引に会所役人が立会う長崎方式は消えて商人間の自由取引となった。貨幣の件は長崎の細かい規定が先行（介在）したのでハリスは警戒していた。ところが驚いたことに下田到着以来のハリスの主張が丸ごと認められた。十二月二十三日の第八回交渉で日本側は、ハリス草案第五条の「亜米利加人の貨幣は同種の日本貨幣と秤すべし即ち金は金を以て銀は銀を以て同量を与ふべし」を承認しただけでなく「其国之ドルラルにて直に当方之品物を調、当方之金銀を以其国之諸物を□候儀互に差支無之様可致、附ては是迄鋳減等之為六分之償を取候共、ドルラル通用之上は其儀も相止可申候」と述べた。これまで徴収していた通貨交換手数料六分も廃止するというのである。ハリスは「私が全く驚いたことには、彼らはその六パーセントを放棄して、日本の貨幣の自由な輸出を許し！、また全ての外国貨幣は日本において自由に通用すべきことを言明したのである」と書いた（『日本滞在記（下）』岩波文庫、一五二頁。ただし日付は混乱）。

それぞれの貨幣を直接に通用させれば、金銀引替の問題は起らないで済むと、日本側は考えたのかもしれない。しかしハリスは日本の商人がドルの品位を知らないと不都合が起るので（日本商品をドルで買うことができないので）、貨幣引替への規定はこれまで通りに立てておこうと主張する。つまり銀貨と銀貨の比較を重量だけで決める（一分銀の値打がメキシコドルの三分の一になってしまう）ことを続けようという。これについて日本側は反論せず下田以来のハリスの主張が条約として確定した。下田協約のときハリスは手許のメキシコドルを日本の一分銀に取替えるだけで自分の金《かね》を三倍にすることができたので、アメリカ政府から受取る年俸以上の金額を貯蓄としてニューヨークに送ることができると喜んだのだが、それが条約として確定したのである。

井上はともかく、解っている筈の岩瀬が、銀貨と銀貨を重量で比較するのだと念を押すハリスの言いなりになったのが不思議である。それぞれの貨幣で直接取引と言いながら、開港後一カ年はハリスの主張する比率での一分銀とメキシコドルの交換を付則で認めてしまう。これで金の大量流出が決まった。岩瀬の罪は重い。

慶喜に小さな出番

逐条審議は十二月二十五日の第十回で、ほぼ終わった。幕府は十二月二十九日と三十日（大の月で大晦日）とに分けて在府大名を登城させ、ハリスとの交渉経過を説明した。

松平慶永が堀田正睦邸を訪問することができたのは、その直前の十二月二十七日だった。堀田は当然のことながら、これから説明しなければならない大名たちの反応を気にしている。慶永は、慶喜を後嗣に立てれば有力大名たちの反応が良くなると説得したのだが、差し迫っている二十九日と晦日の間に合いはしない。中根雪江の『昨夢紀事』で見るかぎり、二人とも両日に絡めることをせず、継嗣問題は年が明けてからという話になった。

ところが十二月二十九日、慶喜に絡む大きな事件が起こる。

在府の大名は江戸城に呼ばれたのだが、御三家は別扱いで、二十九日には勘定奉行の川路聖謨と永井尚志が水戸藩邸へ説明に出向く。ところが水戸家では老公斉昭が、自分のこれまでの意見を無視した幕府のやりかただと川路と永井を怒鳴りつけて説明を聞こうとせず、二人は任務が果たせない。老練な川路はともかく、斉昭と初めて衝突した永井は、責任を負って腹を切らなければならぬかと悩んだ。

そこで慶喜の出番である。安政五年元日の登城でこの話を聞かされた慶喜は、翌日水戸邸に出向いて父斉昭を諫め、そなたに任せるとの言質を取りつけた。次いで川路・永井の二人だけでなく土岐頼旨・岩瀬忠震・井上清直（前にも注記したが川路の弟）らを一橋邸に招き、父斉昭の不徳を詫びたのである。その行き届いた挨拶で、実務の第一線にいる幕臣の慶喜評価が一段と高まる。表の役人は概ね慶喜支持。しかし大奥は南紀派が強かった。当の将軍家定の意向は老中がまだ確認せず不明である。

そういう中で老中堀田正睦の京都行きが決まる。年末の在府大名への説明に対する反応などから、ハリスとの調印の前に自身が京都まで出向いて勅許を獲得するのが安全と、堀田は判断した。

ハリスがそれを知らされたのは和暦の安政五年正月四日（グレゴリオ暦二月十七日）である。約束の時間より遥かに遅れて現われた井上清直と岩瀬忠震が、その方針を伝えた。ハリスが承知すれば交渉中断だが、この日は決着せず保留。悶着の末、条約は更に詰めて調印できるところまで漕ぎ着け、ハリスは下田で待つことになった。岩瀬忠震は堀田に随行して京都に行く。井上清直の実の兄である勘定奉行川路聖謨も堀田に従って上京。江戸発は正月二十一日。

誰もが知るとおり、老中首座が自ら出掛けたにもかかわらず、勅許を獲得できなかった。そこへ将軍継嗣問題が重なって、幕府は深い傷を負う。

松平慶永は前記したように暮れの二十七日に堀田を訪れて、慶喜を後嗣と決めれば条約問題で不満の有力大名も得心すると説いた。そのとき堀田の京都行きは話題になっていない。上京方針確定を知り慶永は、正月十二日に堀田を訪ねて談判した。継嗣問題を京都朝廷や外様大名に言われて動くようではみっともないので、徳川独自に早く決めよというところに力を入れる。堀田は発憤して明日は必ず事を運ぶと約束した。これは老中の合議にかけるという意味である。合議が纏まれば、次は将軍の意向を伺う運びとなる。

しかし翌日以降の経緯が判然としない。慶永は結果を聞こうとさまざまに手を廻すのだが、みな逃げ回っている感じである。おそらく将軍の反応が予期に反したのだろう。

慶永は十六日の遅くに下城した堀田を訪れて問い詰めた。堀田は「昨日既に台聴に達し候ひぬ。此上は台慮次第候得共いつれにも出立までには御内意有へき事に候ひぬ」と言いながら「明日も猶又伺ひ候て御会得被為在ぬ処は申上候半」と続けるのだから、十五日の将軍の反応は慶永を満足させるものではなく、紀州派寄りだったのである。これについては間接的ながら別の証言も知られているので後述する。しかし慶永は、そこまで悪くは受取らず希望を繋ぐのだった。

田安家老だが一橋支持

十六日の堀田は「明日も猶又」と言った。慶永はその成否について網を張っているのだが確かなことは摑めなかった。情報源の一人は勘定奉行から田安家老に移された水野筑後守忠徳だから、いろんな意味で注意を要する。

田安は松平慶永の実家である（越前福井松平は「養家」）。異母弟で当主の田安慶頼《よしより》は将軍継嗣候補の一人だった。しかし家老の水野忠徳は主人慶頼のことなど頓着せず、慶喜擁立を強く望んだ。勘定奉行の永井尚志（前出主水正だがこのときは玄蕃頭）、目付の鵜殿民部少輔長鋭、箱館奉行堀織部利忠、目付岩瀬肥後守忠震が同志だと、慶永に語った。岩瀬とはハリスとの条約で反対の立場だけれども慶喜を推す件では仲間なのだ。大目付の土岐丹波守頼旨も同志の筈だがまだ話していないと水野が言ったそのときには、すでに慶永の方で土岐の意志を確認済みだった。

水野忠徳にも堀田が「猶又」将軍を説くと予定した十七日のことは摑めなかった。十八日に慶永が橋本左内を水野の許へ派遣して尋ねると、今日は紀州派の平岡丹波守道弘（側衆）が憂わしげな様子、一橋派の土岐頼旨・永井尚志・鵜殿長鋭が意気揚々だったので、上首尾ではないかと推量されるが、確かなことは解らないと答えた。三家三卿の家老は江戸城に詰めるのだが、要職の者と気軽に言葉を交わすことが難しい場合もあるのか。

やはり堀田に聞くしかあるまいと慶永は十九日に書面で面会を申入れると、明日の朝に自邸へ来てくれとの返事だった。京都へ向けて出発する前日だけれども、二十日の朝には将軍が上野へ行った直後に屋敷まで戻る隙があるという。指定通り慶永は、時間を見計らって訪れた。

接触を渋っていただけあって堀田の話は解り難いものだった。十七日の将軍には意見なく「伺済」だというのである。候補者が決まったのではない。それは将軍の英断に任せる。将軍は、堀田が京都から戻って来たときに、決断した結果を告げるという意向なのだそうだ。なんとも要領を得ない話で、十五日の伺から進んだのか後退したのかも判然としない。得心しかねる顔の慶永に対し堀田は、自分の気持が慶喜に傾いている話をしてごまかしたようだ。慶永も進んでごまかされたのではないか。国産の熊胆などを餞別に贈り京都へむけて送り出すのである。将軍の真意よりも老中の決意の方が重要だった（という面のあることを後で述べる）。

「内勅」ではなく「御英断」を

堀田が正月二十二日に京都へ向ってからしばらくの二十八日、慶永の許に鹿児島の島津斉彬からの手紙が届いた。正月六日付である。同日付で斉彬は左大臣の近衛忠熙《ただひろ》や前内大臣の三条実万《さねつむ》にも書簡を発し、その写が一緒に送られてきた。近衛宛では老中堀田・松平伊賀、久世の三人は松平慶永の申立を承知の由だが、もし紀州か田安になれば有志の面々が望みを失うので天下のために賢慮願いたい、つまり京都朝廷において一橋慶喜支持への援助を賜りたいと書いてある。三条宛では更に踏込んで「内勅被仰出候義は相叶申間敷哉」と斉彬は希望した。一橋慶喜を継嗣にせよとの内勅を出してくれというのである。

この斉彬書簡の写を見て慶永は動転した。近衛宛に自分と老中の名前が出ているのが困る、三条宛の「内勅」希望には絶対に反対だった。京都朝廷の動きが出る前に幕府が独自に決めるようにと堀田に強く言い、それなりの反応があったのだ。

堀田不在の江戸で慶永は弁明に努めた。二月一日に老中松平忠固のところへ行くのだが、「口上控」なるものを用意して、それを見ながら喋り、その書面を相手の手許に残した。

その口上書で慶永は、島津斉彬とは故阿部正弘も承知の「同志」だけれども、自分と蜂須賀斉裕が連名で建議して以後の老中との遣り取りについては、何も伝えていないと釈明する。斉彬が京都の公家宛に書面を出したのも、自分の全く知らぬことである。斉彬が自分に寄越した手紙を老中に示すのはルール違反「朋友之信義を破り甚不好且不快に候得共」だが、瑣々《ささ》たる信義を守るよりも公儀のためが大切だと思い申上げるというのだった。

慶永の主眼は、上京した堀田に内勅が下されるようなことがあっては将軍の「御英断」が難しくなるので、少しでも早く継嗣は慶喜との御決断をいただき、それを京都に急報せよというところにあった。内勅が出る危険を阻止しなければならない。あとで姿勢を変えるのだが、この時点までの慶永は、外様大名や京都朝廷の介入なしに幕府が独自に決めることを重視した。島津斉彬との友情や信義を犠牲にするのも已むを得ないと思ったのであろう。

慶永は二月一日の松平忠固に続けて三日には同じ留守老中の久世広周《ひろちか》に会い、自説を繰り返した。二人とも慶永の忠誠を感嘆してみせた。しかし、それで話が家定の「御英断」に進むわけではない。むしろ後宮から将軍に対し反対方向への働き掛けがあるのだと、留守老中は慶永のために心配してみせるのだった。

その後宮からの密書を西郷隆盛が福井藩邸にもたらしたのは二月二十七日。西郷は御台所の篤姫敬子（その側近にいる「つぼね」幾島）に連絡をとっており、反応が表われた。将軍家定は養子の話に不快を感じ、舅の島津斉彬までが一橋慶喜を推進していると知って憤る。自分が怒っていることを斉彬に伝えよと御命令があったのを、辛うじて宥めたというのである。

この通報を見せられた慶永は、出発前の堀田から聞いた話と様子が違うと気付いた。それを留守老中の松平忠固に確かめようとして、訪問の予約をとった。その時に大奥からの通報を渡してしまう。二月二十八日に城中で渡し、晦日（大の月で三十日）に忠固邸を訪れると、まずこの密書をどうやって手に入れたのかと聞かれた。薩摩からだと答え、敵（まだ敵と決まったわけではないが）に手の内を見せてしまう。およそ政争向きの人柄ではなかった。松平忠固は将軍の判断について心配はないと慶永に保証したらしいのだが、何の根拠もありはしない。

それぞれの方針転換

このあたりまで来ると、上京した堀田の宮廷工作不調が江戸に伝わってくる。条約勅許は難しいと堀田が在府老中に宛てた書簡が、二月二十五日発である。ただし慶永が松平忠固邸に行った晦日には、京都の様子は話題になっていない。

慶永が切実に知るのは三月九日である。慶永は堀田上京時には、ハリスとの条約に賛成で、早く勅許が獲得できればよいという立場だったので、側面からの援助を狙い、橋本左内を上京させた。左内が連れて行った横山猶蔵《ゆうぞう》が三月九日に江戸に戻り、京都の情勢をもたらしたのである。詳細な活動報告を副えた左内の判断は、条約勅許は極めて難しいというのであった。慶永は京都のことを左内に任せていたのだが、どうも危ないらしいと気付き、まず例の水野忠徳を呼んで相談する。

水野は堀田に対し批判的だから「備中殿の事候へは斯くあらんかと兼て恐懼いたし候ひしか果してケ様之次第と相成候也、関東の御恥辱無此上扨々残念千万の事に候」とハラハラと涙を零《こぼ》した。首席老中が京都まで出向いたからには勅許を獲得しなければならない。それが難航しているのは「関東の御恥辱」なのである。

田安家老の水野には京都からの直接の情報が入らないので、同志の勘定奉行や目付に接触するけれども、彼らのところにも慶永が左内から得たほどのものは届いていなかった。しかし水野に教えられて特に永井玄蕃頭尚志が鋭く反応、「将軍職御断り申上度と棒を出すか又は備中殿は能加減にして被引取……」と将軍辞職を提起した。これは水野から聞いて中根雪江が橋本左内宛に書いた手紙に出て来るのだから間接的に過ぎるとの制約があるけれども、後に大久保一翁や松平春嶽が文久二年に発想する政権返上（大政奉還）論に繋がる要素を秘めている。一翁や春嶽が提起したときには、永井は京都町奉行で江戸におらず直接の反応を知ることができないのだが。

京都の情勢にも転変がある。孝明天皇が条約勅許に絶対反対で、関白九条尚忠《ひさただ》も初めはそれに従い、二月二十一日の朝議が拒否回答と決定した。そのときには条約賛成だった（後で反対に転ずる）前関白の鷹司政通《たかつかさまさみち》が出てきても、決定は覆らなかった。この事情が本能寺に滞在する堀田に伝えられて、前記在府老中宛の書簡となったのである。

絶望的ではなかった。関白が幕府の要求を断り通すことは徳川期では有り得ない。前関白の鷹司政通は、徳川の要求を全て受入れた。今回は天皇と現九条関白の力関係が勅許拒否に傾いたのだが、いつまでも同じ状態ではない。彦根藩主井伊直弼の働きかけもあり九条関白は本来の姿勢に戻った。また継嗣問題については、血統が近い南紀慶福が良いとの井伊の意見がしっかりと関白の頭に入った。井伊腹心の長野義言《よしとき》の働きである。

関白の権限は大きいので、天皇の不満を抑えて条約勅許の草案が纏まる。しかし天皇に近い公家の働きかけで三月十三日に堂上八十八人列参という事態となり、関白を拘束した。許容の案は書き直され、不許可の意味となる勅諚を堀田が受取るのは三月二十日だった。関連して継嗣問題については、英明・人望・年長の三条件が天皇の内意として堀田に示されるという案が関白に削られた。「年長」だけが口頭でと伝えられて堀田が付箋を付けるよう望んだという話があるけれども、明快な記録を見ることができない。それは以下のこととも関連する。

三月十八日の払暁に左内からの「三日半」の急便が届き、松平慶永は起こされた。継嗣問題を有利にするために慶永の直書が欲しいというのである。

鷹司家の儒者三国《みくに》大学が越前三国湊の出身で中根雪江とも旧知の仲。その三国宛に慶永の直書を送れば、太閤鷹司政通が一橋慶喜に肩入れしてくれるという。九条尚忠関白のところへ紀州派が接触していると知り、それに対抗してのことである。鷹司太閤は初めは条約許容論だったのが、九条関白が（反対から許容に）転じたのと対照的に、反対に廻った。左内や慶永はそれでは困るわけだが、継嗣問題で一橋派寄りというのは好材料である。

前述したように松平慶永は継嗣問題に京都が口を出すことを好まず江戸で独自に決めるべきだとの説だった。慶永に近い幕臣みな同意見である。しかし紀州派が九条関白を陥すようでは、ほうっておけない。慶永は三国大学の希望通りに親書を京都へ送り、慶喜に有利な勅諚を獲得する運動へと踏切った。方針を切替えたのである。島津斉彬書簡を見て狼狽《うろた》えた正月末から短期間で慶永は随分成長した。込入った状況に対応する能力が高まった。慶永の切替えに慶喜派の幕臣も概ね同意する。

幕府寄りになった九条関白は、堀田のために条約勅許を取りつけてやろうとして天皇や公家大衆に反撃され力およばなかった。その代わり（でもないのが複雑なのだが）継嗣問題では徹底的に一橋派の邪魔をした。

鷹司太閤は勅許を与えない方に動く代りに継嗣問題では一橋派になった。鷹司太閤や三条実万内大臣の努力で、天皇が帰府辞去の堀田に「英傑・人望・年長」の継嗣を希望するとの勅を降す話が纏まる。それを関白が阻止。天皇の「年長」だけは言うとの内意を伝えられた堀田の〝張紙をつけてくれ〟との希望には先ほど軽く触れた。

井伊大老は家定の真意実現を保証

江戸の福井藩邸には、橋本左内や三国大学から、また三条実万より山内容堂を経由して、これが伝わる。叡慮が慶喜にあることは動かせないのである。しかし張紙をと希望した堀田が、この叡慮をどのように使うつもりなのか江戸では判然としない。堀田に先行して帰府した岩瀬は何も知らず、越前福井家から教えられて驚き、川路が陰険で京都では立入った話ができなかったとぼやくありさまだった。

堀田の真意が解らないまま江戸ではさまざまに取沙汰された。堀田帰府直前の四月十六日に松平慶永が老中松平伊賀守忠固のところへ行くと「台慮已に刑部卿殿に御決定にて備中殿帰府次第に御評議に可相成と大に得意の容体」だったというから、そのような局面もあったのだ。これは天皇の希望が慶喜にあるとの近衛書簡が大奥へ届いた（という話が表役人の間に拡がった）のが響いているのかもしれない。老中を含めて表役人の大勢が固れば、それが「台慮」だと押し通すことも起り得るのである。

しかし堀田正睦江戸着（四月二十日）三日後の二十三日に大老に就任した井伊直弼により、将軍の希望は保証されることになった。条約勅許申請が京都朝廷により拒否されたという大変なときだが、井伊を大老にした将軍家定の願望は、継嗣問題で自分の真意を曲げさせないところにある。兼ねてから紀州派の井伊は、その期待に答える力を持つ。

これに対して松平慶永は、「台慮」がどうであれ一橋慶喜にすることが幕府にとり、またこのときの日本にとって必要だと思い詰めた。

五月一日、将軍は大老・老中に対し継嗣は紀州の慶福との決意を告げた。これで老中（特に堀田）が将軍の内意を無視し続けるという道は封ぜられた。井伊直弼は翌二日に松平慶永を自邸に招き、自説がどうであれ将軍の意志が表明されたら、それに従うようにと釘を刺した。慶永は、それが徳川のためにも日本のためにもならないと確信しているから、自説を曲げるつもりはない。井伊の話を将軍の意志確定とは受取らず、なお希望を繋ぐ。意気沮喪している堀田正睦から実は将軍の意志は確定済だと聞かされるのは五月二十九日なのだが、六月一日の三家三卿溜間詰大名に対する将軍の内意通告は名指しではないと聞いて、なお紛れがありうると思う。政争向きの人柄ではないのに妙に粘りがあるのだ。

六月一日の行事は、将軍が養君を決めたので京都へ伺い、その返事が届くと公表するという手順の伝達であった。伺いは翌二日に「四日切」の宿次奉書で送られ、目出度いとの勅答を得て十八日ごろに発表の予定だったらしい。

六月一日には名前が公表されていないので、江戸城中の幕臣では慶喜に決まったと受取ったものが多かったというから面白い。土岐丹波守頼旨は、真相を知っている慶永に紀州だと聞かされて驚いたようだ。大広間大名の伊達宗城も慶永に伝えられるまで慶喜だと思っていた。

その宗城と慶永は、京都の三条家に強力なルートを持つ山内容堂と三人で秘策を練る。幕府の奏上に対し、慶喜にせよと勅答して貰うしか挽回の方法がないのである。慶永が容堂宛に三条家に訴えてくれという手紙を書き、容堂はそれをそのまま自分の三条宛書簡に添えて送る。二日発で「四日切」とし、幕府の奏上に遅れないよう届けるというのだった。ここまで来ると、徳川本家への忠節という一月二月ごろの慶永の姿勢からは遠く離れた。外様大名と組んで京都朝廷を利用するのである。

この策は成らない。三条実万から山内容堂に宛てて、力及ばずと謝ってきた。しかし幕府の奏上に対する勅答も、江戸に届くのが遅れている（と思われている）うちに、条約問題で激変が生じた。

違勅調印の真相

ハリスとの最初の約束は和暦三月五日である。堀田や岩瀬はそれまでに勅許を得て江戸へ戻っているつもりだった。いったん下田に引上げたハリスは、約束の三月五日に江戸へ出て来たが、京都からは誰も帰っていない。ちょうどそこへ長崎からオランダの領事官（もと商館長）ドンケル・クルチウスが、秘書のポルスブルックを伴って着府した。ハリスとクルチウスの遣り取りがある。クルチウスは四月一日に将軍家定に拝謁、ポルスブルックも随行した。「将軍は四十歳ぐらいで、日本人にしては大柄であった」とポルスブルック（『ポルスブルック日本報告１８５７―１８７０オランダ領事の見た幕末事情』雄松堂出版・一九九五年、東西交流叢書〈８〉）。家定はこのとき三十三歳、「大柄」と見たのはポルスブルックだけではないか。オランダも条約交渉を開始する。安政四年の追加条約を、ハリス案の線まで進めるのである。

そのハリスとの条約案、やがて岩瀬が不利だとの情報を持って戻り、更に不許可確定の事実と共に堀田と川路が帰着した。幕府は彼らの報告により、御三家初め諸大名の条約賛成の意見を取りまとめて上奏し、それで勅許を得るという方針を定めた。井伊が大老に就任し堀田は実権を失うのだが、条約だけは担当を続けなければならない。

ハリスは再度の調印延期を承知した。和暦七月二十七日（グレゴリオ暦九月四日）まで待つ。

このとき幕府は、ハリスとの調印から三十日を経なければ他の国とは調印しないと約束。ハリスがオランダのことを気にしていたからだ。これを保証する老中連名のハリス宛書簡は五月二日付だった。将軍が大老・老中に対して継嗣は紀州の慶福だとの意志表明を行った翌日である。

老中の約束書面を得たハリスは五月七日に江戸を離れて下田に戻った。ハリスの日米条約に準じた日蘭条約を詰めて、調印するばかりにしたクルチウスは、六月四日に江戸を出て長崎に向かう。その旅中に日米条約が調印されるとは予想できなかった。

クルチウス不在の長崎に米艦ミシシッピー号が入り、アロー号戦争の終結（和暦五月十六日英清天津条約、同十七日仏清条約）と、英仏の艦隊が日本に向うとのニュースを伝えた。同艦が下田に来たのは六月十三日である。ハリスは翌十四日、堀田正睦宛書簡で英仏が来ると急報した。

六月十五日にはタットナル提督搭乗のポーハタン号が下田に入った。ハリスは同艦に便乗して神奈川沖に急行する。六月十八日、艦を訪れた井上清直と岩瀬忠震に対し、ハリスは英仏の怖さを言立てて脅迫し、直ぐに自分との条約に調印するしかないと逼《せま》った。十九日、江戸城に戻った井上と岩瀬の報告を受け、幕閣は三奉行はじめ関係役人を召集して合議したが、結論が出ない。海防掛系統は即刻調印論、しかしトップの井伊大老と若年寄の本多忠徳《ただのり》（越中守・磐城泉藩主）が慎重論だった。有司会議を解散し大老・老中だけの閣議になっても断は下せない。しかし放置はできなかった。井伊大老は将軍家定の承認をとりつけた上で、ハリスとの交渉に戻る井上と岩瀬に対し、断り通せない場合は調印もやむをえないと告げたらしい。

帰邸した井伊が宇津木六之丞にそのように語ったと「公用方秘録」から読取ることができる（早く吉田常吉が『安政の大獄』〔吉川弘文館・一九九一年〕で使用）。ナマの直接の記録ではない。

小姓頭取や側用取次、また外国奉行などを歴任した竹本要斎は、自分が知る代々の公方では温恭院様（家定）が外患のことで苦労された「第一等」だと語る（『旧事諮問録』）。閣議で結論が出ず一人で決断しなければならない井伊大老が、万一の場合について家定の承認を得るというのは、大いにありうることだろう。

『昨夢紀事』によれば十九日の午前中に伊達宗城が松平慶永のところへ来て、いま井伊大老と談じてきたという話を伝えた。そこで「夕」に慶永自身が井伊を訪れて詳しい話を聞く。午前中に伊達宗城が会うのと、夕刻に松平慶永が行くのとの間に、井上・岩瀬が戻って来ての評議と、万一の場合は調印やむなしと伝えての両人送りだしが挟まるわけだが、慶永の話を中根雪江が書き留めた『昨夢紀事』では、そこまでを読取ることができない。もちろん井伊が全部を打明けたわけではないという問題もあるだろう。

夕刻に慶永が聞いた話は、午前中に伊達が聞いたのと基本は同じだが、少し詳しいところがある。井伊直弼当人は京都へ申上げた上で決めるとの説なのだが、同意見は若年寄で磐城泉藩主の本多越中守忠徳ただ一人だと井伊は歎息する（ここまでは同じで次からが少し詳しい）。

堀田正睦は敗軍の将で発言せず、松平忠固が幕府一存で決めよと強く主張、海防掛は「恐怖而《の》已《み》」でともかくも難を逃れんとの情というのはハリスの言う通りに結べと唱えるのである。海防掛が「恐怖而已」は井伊の主観で、信念を持って調印せよという者も絶無ではないと慶永は思う。京都に申上げた上で決めなければならないというのは慶永も同意見である。十九日夕刻の対談では二人とも、まさか井上と岩瀬が今夜のうちに調印してしまうとは思っていない。

しかし井上と岩瀬は調印した。時間は六月十九日の深夜(いま風に言えば二十日未明)である。

全面対決

岩瀬忠震は二十日に橋本左内のところへ平山謙二郎を送って経過を説明させた。また松平慶永宛の書面を託した。その二十日付の手紙で見ると、条約調印は当然と思っており弁解口調ではない。むしろ京都朝廷宛に書面報告で済ませようとする幕閣の大勢を憂慮。堀田や岩瀬自身が上京した経緯があるので書面報告では済まない。老中、できれば大老が上京すべきだというのである。繰返すが調印それ自体を問題とはしない。調印した当人なのだから当然かもしれないが。

同じ二十日の夜、越前福井藩邸に平岡円四郎が来て、一橋慶喜が激怒しているとの報をもたらす。これは勅許を経ないで調印したことを問題にしたのである。慶喜は父斉昭のいる水戸藩邸へ平岡を使者として送った。平岡はその続きで福井藩邸へも立寄る。

翌二十一日、水戸の隠居徳川斉昭は「井伊掃部頭殿御初」宛の書面を発した。勅許のないままでの締結は絶対にあってはならないこと、ミニストル駐在や直交易などを断った上で大老・老中のうち至急上京、叡慮を伺うようにというものである。既に調印したことを知りながら、条約案を自分の主張通りに縮小せよと要求。全面対決である。

しかし幕府は二十一日付で調印は已むを得なかったと上奏する老中連署の文書を作成し、二十二日に継飛脚で発送。その二十二日には在府諸大名に調印の事実を公表する。

一橋慶喜は田安家老の水野忠徳を呼んで、明日登城して大老以下に所存を述べるつもりだと語り、田安慶頼の同行を求めた。その前に家老を城に遣わして大老以下を一橋家に呼びつけ、御用多端で伺えないので明日御登城願いたいと言わせるという一幕があった。

二十三日の一橋慶喜と田安慶頼は不時登城である。有名な「不時登城」は二十四日だが、慶喜は二十三日が不時で二十四日は定日。二十三日の方は大老が今日は参上できないので明日（二十三日）御登城いただきたいと申入れて来たのだから、いきなり不時登城したわけではない。慶喜は勅許無しに調印したことについて大老以下を問詰め、必ず閣老の誰かが京都へ行くと約束させた。定例登城の二十四日には、昨日約束したのに未だ決まっていないと聞かされて激怒し、それなら直に（将軍に）申上げると踏込んだので、閣老は慌て、間部下総守の上京が決まった。

間部下総に決まったのを慶喜は帰邸してから知った。城に残した家老が戻ってきて伝えたのである。閣老が何時決めたのか細かいところは分らない。しかし慶喜に言われて決めてあったので、三家不時登城の詰問に対し井伊大老らは余裕があったのだろうというのが、この二十四日の夜、越前福井藩邸での総括だった。

さて六月二十四日の三家不時登城である。尾張の当主、水戸は隠居と当主の父子（御三家という最高位の大名のうちの二家登城で、三家が揃って登城したわけではない）。これは待たされた。昼を過ぎ、いまの午後三時ごろか漸く大老以下が前へ並んだ。斉昭が「越前」（松平慶永がこのとき越前守）を同席させよと要求したが、これは資格が違うからと拒否された。

「罪を掖庭《えきてい》に待つ」を使う慶永の能力

松平慶永はこの日、登城前に井伊直弼を訪れた。談判途中で井伊が登城の時刻だと打切ったので続きは城でと思い、また斉昭との約束もあったので登城する。しかし大老と会うことはできず（斉昭らが大老と会う席に行くことを阻止され）久世大和守一人を相手に意見を言う破目になった。慶永が重視するのは継嗣問題。条約調印を当然とするのは岩瀬と同様だが、違勅調印となった状態を継嗣問題の方に活用しようという姿勢は慶永が特に強く、それを論じる力もあった。その能力が急成長したとの感じを受ける。

養君内定の上奏（前述）に対する返事が遅れていたのが漸く届き、明日二十五日が御養子は紀州の慶福と公表する予定となったので、慶永はそれを延期させようと懸命である。井伊大老とは途中までしか論じられなかったが、久世大和を相手に丁寧に詰めることができた。条約問題で天皇の意に反しているのに継嗣問題でまた逆うのは穏当でない。罪を掖庭《えきてい》に待つのと御祝事が重なるのはよろしくないので、明日の御養子発表は延期するのが良かろうと論じた。

これは久世も同意し大老らの賛成を取付けたのだが、既に斉昭らが下城した後。将軍家の内事だから御三家の発議であれば変更できるけれども、家門の慶永では無理だということで、折角の理屈も実らなかった。これについて同志の面々は牙を嚙み歎息と、水野忠徳が二日後に松平慶永に語る。久世大和は伊達宗城に対し、斉昭らが早々と下城した連携の悪さを「一笑」した。慶永の提案に同意したが、閣老側がその理屈を採用し独自に動くことまではしなかった。

翌日の継嗣発表を延期させることに失敗した二十四日の慶永は、「天下も是切《これきり》のことになりたり」と、提灯を点けて供する中根雪江に歎息しながら帰邸すると、橋本左内を岩瀬忠震のところへ派遣して、今日の様々の動きについての奉行や目付ら中堅幕臣の反応を聞かせた。行違いに岩瀬から慶永宛の手紙が届く。

慶永処分

岩瀬はまだ諦めていない。明日二十五日の御養子発表を阻止できないので、慶永は「是切」と歎息したわけだが、岩瀬は若年の紀州慶福の補佐に慶喜を宛てさせるという案と、慶永を井伊大老を上回るポストにつけるという案とに望を託していた。

前者については、田安慶頼が後見職となった。慶喜後見職が実現するのは遥かに後である。この話を挟むと時間的順序が混乱するので、いまは慶永のポストの話と隠居謹慎処分とを先行させる。

堀田正睦が力を失い次いで罷免される（二十三日）と、閣老には外交が解るものがいない。プチャーチンが既に神奈川沖に来ており、続いてイギリスのエルギンやフランスのグローが現われることも確定的なのだから、緊急に対策を錬らなければならぬ。だが閣老の反応が鈍い。そこで交渉の第一線にいる中堅や下級の幕吏が対策を考えた。幕閣の外に（横にというべきか）外交専門の局を建て、総裁に大物を据えようというのである。伊達宗城の名前が出るけれども、これは当て馬で、本命は松平慶永だった。慶永については堀田の大老案（家定に拒否された）があり、井伊が大老になった後も、その上に慶永をという、やや妄想的な名残りが取りざたされているのだが、独立の外交局の総裁という話であれば収りが良い。

この外国局総裁案は、当て馬の伊達宗城が六月晦日（小の月で二十九日）に久世大和を訪れて話した。宗城は総裁候補として慶永と島津斉彬の二人を挙げたようだが、本命は慶永ということは久世にも通じた。久世は賛成した。

久世がこの案を閣僚会議にどのように持込んだのか細部が不明なのは残念だが、反応は慶永らの処罰だった。七月五日（通告は翌六日）松平慶永は隠居・謹慎の処分を受けた。同日、尾張の慶恕が隠居・謹慎。水戸の斉昭は既に隠居させられているので再び隠居というわけにはいかないけれども謹慎。

三家、特に尾張の当主の隠居謹慎は大事件である。しかし政治的な意味は松平慶永の隠居謹慎が大きかった。不時登城で老いを露呈した烈公斉昭はもはや主敵ではない。早くから慶喜説を唱えて運動し、二十五日の紀州慶福継嗣公表を延期させる（実現しなかったが）理屈を組立てる能力を持ち、外交局の総裁に推戴されようとしている。幕閣の一員である久世大和は賛成した。松平慶永こそが将軍家定と大老井伊直弼にとり最も憎むべき敵なのであった。

越前福井の松平慶永を政局から追放するという決断を下した直後に、将軍家定は没した。いちど倒れたが盛り返し七月六日は昼頃まで元気で政務も見たのに、夕刻に脚気衝心で絶息した。名古屋と福井の当主追放は、生前の家定が承認したものである。

慶永隠居謹慎の命令は五日だが、幕府は彼の反応を警戒した。通告に対しおとなしく恐れ入るとは思えない。反抗的な言動があれば追加処罰の必要が出て来る。対策として舅の肥後藩主細川越中守斉護《なりもり》を先行させることにした。『肥後藩国事史料』（巻二）によれば斉護は五日夕刻、呼出されて登城、役割を呑込んで福井藩邸へ赴く。松平慶永が病気だと断るのを押して面談すると「最初は少し御口もこはく被為在候得共、被成御了解哉、軈而御納得之御挨拶有之」初めは険悪だったが、やがて納得したとの挨拶だった。正式の通告には慶永は出ないで名代に家老の大導寺七右衛門を立てた。

これで松平慶永は政局の前面から完全に消えた。復活したときには徳川幕府の正統性が内外から疑われ、慶永は大政奉還を提起する。それをぶっつけられた慶喜が政権返上論に深入りすることを避けて逃げる場面が面白いのだが、いまは先回りせず慶永処罰直後の政局を見ていく。

五　外国奉行

水野忠徳復活

松平慶永追放と将軍家定死去の直後、安政五年七月八日、外国奉行が新設された。これまでの海防掛が廃止され、独立の部局ができたのである。むろん慶永級の大物を総裁とする大機構ではなかった。田安家老でくすぶっていた水野忠徳が、第一線に復活して筆頭奉行である。以下永井尚志（勘定奉行から転）井上清直（下田奉行兼）堀利煕（箱館奉行兼）岩瀬忠震（目付より任）で総勢五人。

新設奉行だから格付けが必要である。「席之儀は遠国奉行上席、場所高二千石」と定められた。この格の奉行であれば将軍が直接に任命する。しかし「御疝積気に付、御前江召出無之」だった。将軍が病気なので直接の任命はできないと記録された。十一日には水野忠徳が抜けた田安家老に作事奉行の河野対馬守通訓を補するなどの人事があったけれども、やはり「御疝積気に付、御前江召出無之」。

十二日のプチャーチン登城に際しては、それでは済まなかった。宰相様（将軍の養子となった慶福＝家茂が参議で「紀伊宰相」）「御疝積気に付、御名代」である。家茂が名代を務めた。

プチャーチンとは十一日が日露修好通商条約の締結で、翌十二日に登城させて「帝国大日本大君」に拝謁の手順だった。そこまで決まっていたので名代が必要。しかし十八日に五人の外国奉行全員が署名捺印（花押）した日英修好通商条約の相手エルギンについては、登城拝謁が略された。エルギンはエンペラー号（将軍に贈呈する豪華ヨット、日本で名付けて蟠龍丸）を引渡すと、翌十九日には退去した。ハリスは脅したけれどもエルギンに武力行使の意図があったとは思えない。

批准使節派遣予定と別船計画

プチャーチンの一日前、七月十日に日蘭条約が急遽結ばれるという体裁となった。クルチウスは既に長崎に帰り着いていた。ハリスが条約を結ぶのは七月二十八日の予定で、オランダはその三十日後という約束だったから八月末と予想し、そのときまで江戸に留まるのは苦しく、調印すれば良いよう出来上ったものを在府長崎奉行の岡部駿河守長常に預けたのである。ハリスとの調印が早くなり更にプチャーチンが来たので、日本側はオランダをロシアの前日にしてクルチウスの顔を立てた。日蘭条約の日本側署名は外国奉行になったばかりの永井と岩瀬、それに岡部だった。日露は永井、井上・堀・岩瀬と、目付の津田半三郎である。

なおオランダとロシアは安政四年の追加条約で貨幣の問題を決めていた。それなのに五年の修好通商条約では日米の金は金、銀は銀で重量という無茶苦茶な規定に準じて改悪された。ここでも岩瀬の罪は重いのである。田安家老から筆頭外国奉行となった水野は、この問題を解決しなければならない。悪い因縁だ。

グローとの日仏修好通商条約が締結された九月三日には、将軍家定の死去が公になっていた（八月八日発喪）。しかしエルギンと同じく登城拝謁の予定はない。

グローとの条約にもエルギンの場合と同じく外国奉行五人の全員が署名している。しかし二日後の九月五日、岩瀬忠震が作事奉行に遷された。五人の外国奉行は、これから様々な運命を辿るけれども、最初に露骨に（極めて露骨に）外されたのが岩瀬だった。一橋派追放と解釈されており確かに松平慶永と近く彼を外交の要職に担ぎ出す構想が特に嫌われたには相違ない。しかし日米条約で貨幣について下田以来のハリスの悪辣な主張を積極的に通し他国との条約の先例としてしまった責任を問われたと見ることもできよう。だから水野は擁護しない。既に老中を罷免されていた堀田正睦は、同じ九月に佐倉藩主を引退した。堀田と岩瀬は日米条約について同罪である。

オランダ及びロシアとの条約が日米の悪しき先例を踏襲しているのを見て特にそのように思う。罪は重いのである。

一橋派として知られていた永井尚志は、水野忠徳と共に八月二十三日、「本条約為取替」アメリカ派遣を命ぜられた。いま風に表現すれば批准書取交のためだが、この時期は「仮条約」と「本条約」が多用されており、それと勅許を経ずに結んだため「仮条約」だという解釈が混線しているので注意が必要である。

水野と永井は、同じく派遣が決まった目付の津田半三郎・加藤正三郎と四人連名で別船派遣の建議を出した。批准使節はアメリカの軍艦で行くのだが、それに日本人が指揮する日本の軍艦を随行させようというのである。その可能性について閣老が疑問を発すると即日反論。九月十五日に至り蒸気船を派遣するので乗組人員等を取調べるようにとの指示が出た。

この別船計画は維持され、有名な咸臨丸太平洋横断往復として実現する。だが批准使節の方は、四人とも差替えられた。派遣も当初の予定が大幅に延びて条約発効（横浜開港）以後になってしまう。そこで違勅調印から発効（開港）に掛けての政治経過を先に見なければならない。

第二章

井伊政権と久世安藤政権

一　安政の大獄

戊午の密勅

日米修好通商条約に調印したとの閣老連名の届け（六月二十一日付、二十二日発）は二十六日に武家伝奏の手に届き、翌日の朝議にかけられた。天皇は激怒し、九条関白らに退位を表明するという騒ぎとなった。幕府側では、書面の届けでは済むまいという一橋慶喜らの指摘もあり、新任老中間部《まなべ》下総守詮勝《あきかつ》を「条約調印弁疏使」として上京させると決めたけれども、露英仏使の応接や将軍家定の発喪が続き、なかなか出発できなかった。間部老中の江戸発は九月三日と甚だ遅い。その間に京都では「戊午《ぼご》の密勅」と呼ばれる大事件が起こる。

ハリスとの日米条約に、蘭・露・英・仏との条約がつづき、弁疏の老中が上京しないことに怒った孝明天皇は八月五日、再び退位の意向を九条関白に伝えた。しかし幕府寄りの姿勢を固めた関白は何もしない。左大臣近衛忠熙らが関白抜きで（関白に対して秘密にしたわけではなく厳密には「密勅」ではない）水戸藩に勅諚を下す方向を協議し、天皇がそれを承認した。八月八日、違勅調印と水戸老公らの処分とを詰問する勅書が、水戸藩京都留守居の鵜飼吉左衛門に渡された。二日後の八月十日、同じ勅書が禁裏付の大久保伊勢守忠寛に伝達された。幕府に対し秘密にするつもりはなくて、水戸藩の京都留守居が江戸に送るのを邪魔しないようにと、二日の時差をおいたのである。

禁裏付の大久保伊勢守というのは、幕末の人材中で重要な一角を占める大久保一翁である。長崎奉行を断って駿府町奉行に甘んじ、そこから禁裏付に転じた。通称は右近将監だったのが禁裏付に転じるとき伊勢守と改称した。六月二十一日には「大久保伊勢守」で御暇拝謁である。しかし、その後も右近将監で出ることが多い。六月二十四日の水戸斉昭らの不時登城騒ぎのときは、御暇拝謁を済ませたのにまだ江戸にいた「大久保右近将監」が、京都の用事に託して井伊大老のところへ様子を聞きに行くと、「老公々々と鬼神のごとくいひしかど思のほか」という反応だった。これは岩瀬忠震が城中の様子を橋本左内に話したとき「右近将監」が通じやすかったのである。京都の水戸藩邸が密勅を受取り同じものが大久保伊勢守に届けられたとき、西郷隆盛は江戸だった。八月二日京都発なので密勅のことは知らないのだが、十一日付の月照宛書簡で「大久保右近将監も油断は不相成、奸に入込候様に被思候」と書いているから面白い。後年の知己もこのときは疑われた。右近将監が一橋派として出て来ないのも注意を要する。盟友勝海舟も一橋派ではないことをここで断っておく。松平慶永と常に一致していたわけではない。ただし海舟は長崎にいて政局に巻きこまれるのを免れたわけだが。

「密勅」が発せられたとき所司代は不在である。堀田老中上京のとき助けることができなかった本多忠民《ただもと》（三河岡崎藩主）は江戸に召還され（五月二十九日京都発）罷免された（六月二十六日）。

替りに任命されたのが再任の若狭小浜藩主酒井忠義だが、将軍家定発喪に引掛かって未だ江戸である（八月十六日江戸発、九月三日着京）。

狭義の安政大獄はじまる

所司代不在だけれども町奉行は東西二人とも在京だった。東町奉行は岡部豊常《とよつね》で禁裏付から数えると十年近くの京都勤務である。西町奉行は、浦賀奉行から転じた小笠原長常（六月五日任命）が七月二十七日に入京した。着いたばかりだが、あとから上京して来る再任所司代酒井若狭守は、旧知の岡部（七月に備後守から土佐守に改称）豊常には期待せず、この小笠原長門守長常を使うつもりである。

これから展開される京都弾圧で大きな役割を担う伏見奉行に触れておく。信濃国の岩村田で一万五千石の内藤豊後守正縄《まさつな》が、天保九年から務めていた。その内藤がこの安政五年の七月に江戸で城主格の待遇と京都御所向取締の追加任務とを与えられ、金二千両を下付（拝借被仰付）された。伏見着は八月二十二日と密勅後だが、翌二十三日には京都へ出て東町奉行所に行く。西町奉行の小笠原長門、禁裏付の両大久保が顔を揃えた。説明が後になったが禁裏付も二人制で大久保伊勢守忠寛は急死した都築駿河守峰重の後任、もう一人は大久保大隅守忠良《ただよし》で安政元年に目付から転じた。

所司代酒井若狭守忠義の入京は九月三日である。それを待っていたように密勅に関与した疑いのあるものの逮捕が始まる。九月五日の近藤茂左衛門が皮切りで同八日には梅田雲浜《うんぴん》が逮捕された。これで狭義の安政大獄が始まる。広義の方は早くから見られる幕臣の左遷のどれを井伊大老に睨まれたものと押さえるかで違ってくるけれども、大名まで拡大して考えれば目玉が松平慶永隠居謹慎であることは動かせない。狭義の獄は「密勅」関係者の追求である。

梅田雲浜は元小浜藩士、つまり所司代酒井若狭守の家来だった。七月には旧主の所司代就任を案ずる手紙を小浜藩士坪内孫兵衛宛に書いている。八月八日には同人に水戸への密勅降下の事情を報じた。この書簡が井伊大老の探索方を務める長野義言の手に入り、梅田当人と密勅関係者を追詰める有力な手掛かりとなった。

違勅調印の弁疏使と京都弾圧掛とを兼ねる役割の老中間部下総守詮勝が九月十七日に入京すると、翌十八日に鵜飼吉左衛門父子、二十二日には鷹司家諸大夫小林良典と、逮捕が強行された。京都の大獄が進行する。

江戸では九月十七日に町奉行石谷穆清《あつきよ》の手のものが、三条家の家臣に連なり京都との連絡掛だった飯泉喜内を逮捕し、多数の関係書類を押収した。容疑者が一気に拡がる。同二十七日には密勅降下と護送に力を尽した薩摩藩の日下部伊三次が捕縛された。

十月二十二日には松平慶永が重く用いたことを前記した橋本左内が町奉行所に召喚された。福井藩邸内に居住する左内のところへ、いきなり踏込むことはできず交渉に手間取る。左内には書類や日記を避難させる余裕があった。出頭は翌二十三日。

京都の話に戻ると、間部下総が参内して弁疏したのは十月二十四日で、入京から一カ月以上が経過していた。天皇は出御せず間部は関白九条尚忠に長時間の説明を行った。幕府が違勅調印に追込まれたのは水戸老公斉昭の陰謀だとか、井上と岩瀬が指揮を請うたとき伊井大老は病気欠勤中で堀田正睦と松平忠固が調印せよと指示したなどデタラメなものである。兵庫開港・大坂開市については、幕府を陥れようとする謀略に公家側で加担したものがあるので、それを片付けてから如何《いか》ようにも処置したいと、ポイントを外した上に脅迫混りの回答であった。

天皇はこの弁疏を容認しなかった。間部は鷹司家侍講三国大学、三条家諸大夫森寺常邦《つねやす》、有栖川宮家諸大夫豊島泰盛、青蓮院宮家士山田勘解由《かげゆ》、近衛家老女村岡、一条家諸大夫入江則賢《のりかた》、久我家諸大夫春日潜庵等々と逮捕を拡大する。

ここに挙げきれないほど続く公卿家臣の逮捕で天皇は譲歩した。十二月三十日、間部下総は参内して天盃を賜り、已むを得ざるの事情は「御氷解」との宣達書を受領した。ただし鎖国に引戻すのが当然だと公武ともに固く信じていることを、間部老中や酒井所司代の説明で改めて確認した、という容易ならぬ大前提の文言を置いた上での「御氷解」である。幕府はこれを公表できなかった（『孝明天皇紀』・吉田常吉『安政の大獄』など）。そのため全国世論の上では違勅調印の状態が続く。

京都で逮捕された浪士や、宮・公卿の家臣らは、みな江戸に運ばれた。江戸で逮捕されたもの、さらに吉田松陰《しょういん》のように遅れて萩から送られて来たもの、全て五手掛により裁かれる。幕府は逮捕者がまだ揃っていない安政五年の十二月十二日に寺社奉行板倉勝静・町奉行石谷穆清・勘定奉行佐々木顕発《あきのり》・大目付久貝《くがい》正典・目付松平康正を五手掛に指名した。評定所留役として勘定組頭の木村敬蔵が加わる。評定所は公事方勘定奉行の管理下にあり留役が実務担当者だった。

このうち石谷は、公事方勘定奉行のときから井伊直弼に近い。井伊が大老に就任するとすぐに町奉行に進んだ。飯泉喜内の逮捕には石谷配下の与力・同心が動いた。しかし他の顔ぶれは大獄に熱心でない。石谷の通報を受けて井伊は板倉と佐々木と木村の罷免という強硬措置を取る。このとき寺社奉行を罷免された板倉勝静は、あとで老中となり「はじめに」で少し触れたように家茂から慶喜へ引継がせる主役だった。大政奉還のときは将軍慶喜の側近にいた。佐々木顕発も復活して町奉行や外国奉行を務める。木村敬蔵は文久三年に勘定組頭兼代官から勘定吟味役に進むことが確認できる。それぞれに復活昇進した。

奏者番兼帯寺社奉行の本荘宗秀（松平伯耆守・丹後宮津藩主）が板倉の後任として五手掛を務めることになった。本荘も老中になるけれども板倉とは役割が違うことを後述する。佐々木のあとは町奉行の池田頼方に公事方勘定奉行を兼帯させるという強引な割振りだった。二人の町奉行が二人とも五手掛である。勘定組頭格の吉田昇太郎が組頭に昇格して木村の後任となった。

差替えられた五手掛による訊問は安政六年の二月に始まった。京都から三次に分けて送られて来た容疑者や江戸で逮捕したものの取調べが一通り終ると、鋒先は改めて水戸へ向う。家老安島《あじま》帯刀《たてわき》が評定所に出頭せよと求められたのは四月二十四日である。御三家の家老が評定所に呼ばれる先例はないので水戸家は尾張家や紀州家に協議したが両家とも冷たかった。安島帯刀は二十六日に出頭して三田藩預けとなる。同日出頭した藩士の茅根《ちのね》伊予之助は親類預けでいったん帰宅を許されたが、五月十六日には交代寄合竹中重明邸に監禁された。

安島や茅根に対する断罪は八月二十七日である。この日、幕吏も多数処分された。その処分を見るためには、横浜開港（六月二日）関連の人事変動を先に述べておかないと説明が苦しい。

「バカ二朱」は拒否された

外国奉行設置と最初の五人の奉行、その中で岩瀬忠震が早々と作事奉行に遷され、水野忠徳と永井尚志のアメリカ派遣は実現しないことなどは先に触れた。岩瀬の跡は箱館奉行の村垣範忠（範正、淡路守）が埋める。安政五年十月九日の任命で箱館奉行兼帯。

次に安政六年二月二十四日に大きな変動があった。専任外国奉行の永井尚志が新設の軍艦奉行に遷され、下田奉行兼帯の井上清直は小普請奉行である。替って小姓組番頭の酒井忠行《ただゆき》（隠岐守）と目付の加藤正三郎（当日「壱岐守」と改）が外国奉行に任じられた。これまで水野忠徳が筆頭だったのだが、二月から三月にかけての貨幣問題連名建議では酒井が上だ。酒井・水野・堀・村垣・加藤の順となった。

ハリスとの下田協定および通商条約、ハリスとの通商条約を踏襲した露・英・仏・蘭との通商条約の金銀通貨に関する規定が極めて不都合なものであることは前記した。岩瀬の罪が周知のものとなっていたことも先に述べた。勘定方は、その対策として安政五年十一月に貨幣改鋳案を立てる。条約発効と共に日本側に損失が生じるという事態を避けるため大がかりな改鋳をしようというものである。この勘定方の改鋳案には、苦しい財政への対策として悪貨鋳造で出目を出す狙いが込められていた。

安政六年二月から三月に続く外国奉行連名意見書では、条約発効に合せての改鋳に「御益」(出目)を狙う財政対策との二兎を追ってはならないと論じた。これは妥当である。対策は金の大量流出を防ぐという一点に絞られなければならない。外国奉行連名の提案も一分銀の品位を下げる改鋳なのだが、これは出目を狙うのではない。品位を落すのだから出目はあるけれども、それを目的とはしないのだと念を押した。

外国奉行の裡で安政条約の貨幣条項が不都合であることを熟知しているのは、長崎で日蘭・日露追加条約を結んだ水野と、岩瀬の跡を埋めた箱館奉行兼帯の村垣である。条約発効(開港)が逼り、一方では安政の大獄の五手掛の審議が進む中を、水野と村垣は精力的に動いた。四月八日、水野と村垣は勘定奉行を兼帯する。ただし「当分の間」と限定されている。

開港は六月二日である。グレゴリオ暦七月一日だった。ハリスは独立記念日の七月四日と決めたのだが、露のプチャーチンや英のエルギン、また仏のグローは、開港日(条約発効日)まで米に随う必要はあるまいと独自に七月一日とした。日本側にも異存はなかったので三日早まったのである。これにはハリスも対抗できなかった。ハリスは神奈川と横浜の違いにこだわり、批准使節派遣延期も絡んで紛糾したけれども、二月には解決。

　批准使節の一人に予定されていた永井尚志は、前記したように軍艦奉行に遷った。批准は後回しになったが、和親条約の領事だったハリスは、友好通商条約の公使に昇格する。英は広東総領事だったオールコックを、駐日総領事兼外交代表に任命。

　開港を間近にして水野と村垣が加わった勘定奉行勝手方の対策は、新しい二朱銀の発行である。一分銀と同様に、銀貨だけれども金本意の単位呼称を持つ。五月二十四日の老中布達では「弐朱銀八ツ以、金一両之積」と表現された。流通一分銀を全て回収し三倍の重さを持つ新一分銀を発行すれば同じ効果を持つ。しかし回収は不可能だから、異様な重量を持つ新銀貨「二朱銀」を発行して、洋銀と日本の金との間に押込むのである。これまでの通貨の流れにそむき「バカ二朱」と呼ばれたが、巧く運用されれば金の大量流出は避けられる。

　しかし二朱銀は駐日外交官、特に英のオールコックによって拒否された。

　オールコックはハリスが結び英国のエルギンも踏襲した貨幣規定が珍妙なものであることに気付いた。しかし規定は英国にとってもオールコック個人にとっても利益となり損失とはならない。オールコックは、条約締結のとき流通していなかった通貨を持込むのは不当だと非難し二朱銀の撤回を求めた。ハリスは既に個人として過分の利益を得ている。二朱銀を拒否すれば、今後一年は彼個人とアメリカ商人とが利益を得続けることができる。どの程度に後めたく思ったのか貪欲に徹していたのか、彼はオールコックに同調して現行一分銀の供給を求め続けた。

オールコックは英国商人が正規の商行為ではなく一分銀を仲介として金を獲得するという変則商行為に熱中していることに気付いたが、それを阻止することなく一分銀の潤沢な供給を求めて彼等の不当な利益を擁護した。商人ならざるアメリカ海軍の軍人が同じエセ商行為に狂奔するのを日本側に注意するのには苦笑させられるが、それを書くと時間が進み過ぎるので後述する。いまは安政の大獄と同時進行の範囲に留めておかなければならない。なおフランス総領事ベルクールの着任は八月十日で二朱銀問題は解決済だったが貨幣引替えの停滞に抗議する立場は共通する。彼も一分銀という魔法銀貨の潤沢な供給を求めた。ロシアのムラヴィヨフが艦隊を率いて湾内（神奈川沖）に入るのと、箱館駐在の領事ゴシケヴィチが江戸に来るのも時期が重なるのだが、あとに繋がる問題が大きく大獄との直接的な関連を指摘する見解もあるので少し先へ送る。六月四日、神奈川奉行が新設された。そのときの外国奉行全員（酒井・水野・村垣・堀・加藤）が神奈川奉行を兼帯した。七月八日に小姓組番頭から外国奉行に任ぜられた新見《しんみ》正興《まさおき》（豊前守のち伊勢守）と、八月三日に浦賀奉行から外国奉行に転じた溝口直清（讃岐守）は、八月二十八日に神奈川奉行を兼ねた。これは大獄断罪と関連幕吏処分に日が重なり、更にムラヴィヨフ問題にも繋がる。

公家の落飾、評定所第一次断罪

大獄断罪と幕吏処分に先立つ伏線として、京都町奉行のことに触れておかなければならない。

京都の東町奉行岡部豊常は、家来の筧承三《かけい》を江戸へ差出すよう指示された。京都で逮捕されたグループとは別扱いだけれども、江戸に着いた筧は五手掛の取調を受けることになる。筧の東下は安政五年の十月。次いで十二月には奉行の岡部当人に、輪王寺門主付弟（もと梶井門主で次期輪王寺門主）の公現《こうげん》親王に随行して東下せよとの命令が達せられた。公現親王と岡部豊常は安政六年正月十八日京都発、二月四日江戸着である。公現は寛永寺に入る。岡部豊常は二月十三日に鎗奉行に遷された。

その後任に禁裏付の大久保忠寛が任命される。このときはまだ疑われていなかった。京都では前年の十二月に天皇「御氷解」宣達書が出た後も、上層公卿の処分をめぐり押合いが続き、安政六年四月二十二日に前関白鷹司政道ら四公の落飾《らくしょく》（出家）が聴許された。それを横で見ていた大久保忠寛は、江戸に召還された上で六月二十四日に西丸留守居に遷された。これも重要な伏線である。

さて八月二十七日である。評定所五手掛の第一次断罪があった。五手掛の原案が大老・老中により変更されたものが申渡されるのだが、その経緯をナマの記録で確認するのは難しい。しかし水戸家の家老安島帯刀について、五手掛は断罪を控えたのに井伊大老がほとんど独断で切腹に決したのだと伝えられてきたが、近年は異論がある。井伊に独断・専断の権限はなく大老・老中の合議、井伊も合議の一員で少数派になることもあるという（母利美和『井伊直弼・幕末維新の個性6』吉川弘文館・二〇〇六年）。母利によれば安島帯刀の切腹は閣老合議で決まったのである。鵜飼吉左衛門の死罪、密勅を運んだ息子幸吉の獄門、茅根伊予之助死罪も同じようだったのか。

同日（『徳川実記』では二十八日）幕府は上使を水戸藩邸に派遣して老公斉昭の水戸永蟄居と当主慶篤の差控を命じた。一橋家にも上使で慶喜に隠居謹慎を命じた。ここで水戸家を追詰め過ぎたことに対し井伊大老は報復を受けるけれども「政局」としては次に述べる幕臣の処罰が重要である。

その前に、先送りしたままのムラヴィヨフ問題に触れなければならない。

多数の軍艦を率いて来たムラヴィヨフが江戸に上陸して三田の大中寺に入ったのは七月二十四日である。ところが三日後の二十七日に見習士官と水兵が横浜で暗殺された。外国奉行兼神奈川奉行の水野筑後守忠徳が奉行所で指揮を執ったけれども現場に行かなかったことがあとで問題となる。犯人は捕まらないのだが水戸藩の者だと推定された。これは後年に裏付けられる。

ムラヴィヨフは犯人の処罰を見届けさせるため一艦を残して八月九日に江戸湾を去った。前記水戸藩への過酷な断罪は、ロシア人暗殺犯人を逮捕できない幕府がムラヴィヨフに向けて「犯人は水戸藩士です。それでこのような形の処刑にしました。というためだと考えるべきであろう」との推測をする人があるので記録しておく（上垣外憲一『勝海舟と幕末外交』中公新書・二〇一四年、九八頁）。

上垣外は井伊大老を強権を持つ無能力者でハリスの恫喝に「びびって」条約を結び、ムラヴィヨフに対し「またもビビった」（同前頁）と見るのである。上垣外の見解については別の問題で指摘することが多いのだが、それは後で述べる。いまは水戸人を逮捕できない言訳に過酷な断罪という説を紹介するにとどめる。

もとへ戻って水戸への断罪があった八月二十七日、先に外国奉行から普請奉行に遷されていた岩瀬忠震が、罷免、職禄剝奪、差控となった。外国奉行から新設の軍艦奉行に移動して間もない永井尚志も同じく罷免、職禄剝奪、差控である。勘定奉行から西丸留守居に遷されていた川路聖謨は、罷免、隠居、差控だった。永井は復活するけれども、岩瀬はこれきり。川路は少しだけ政局に顔を出す。

翌日、もと京都町奉行で小普請奉行になっていた浅野長祚《ながよし》が罷免された。京都町奉行から西丸留守居に遷されたばかりの大久保忠寛も罷免された。二人とも復活するが、その役割は同じでないことを後で見る。

処分されない水野忠徳

永井尚志が罷免された軍艦奉行のポストを水野忠徳が埋めた。勘定奉行兼帯に加えて「是迄之通外国御用取扱重々引請可相勤候」と特に達せられた。二朱銀を拒否され、一分銀を介して金の大量流出が始まった時期の微妙な人事である。水野はロシア軍人暗殺事件に絡んで外国奉行兼帯神奈川奉行を罷免されるのだが、勘定奉行兼帯などはそのまま。明確な一橋派だったのに彼だけは処罰されない。九月十日、木村喜毅が軍艦奉行並に任命された。木村は長崎在勤目付から海軍伝習担当目付に転じ（岡部長常を継いで三代目伝習所長）長崎伝習廃止により通常の目付として江戸に戻ったところだった。短いけれども水野軍艦奉行、木村同並という時期が生じる。

水野が筆頭外国奉行、永井が次席だったとき、この二人を条約批准の正副使節としてアメリカに送るという方針がいったんは決まった。そのとき二人は（前記したように）使節を乗せるアメリカの船とは別に日本の軍艦を日本人の操船で派遣する案を立てて承認された。長崎にいた勝海舟は、この話を聞込んでアメリカに行けるよう取計ってくれと水野や永井に手紙を出して希望を伝える。水野・永井それぞれ貴君を間違いなく候補に加えると返事した（その書簡が残る）。

いま二人とも外国奉行から外れた。しかし批准使節派遣計画は、遅れたけれども維持されて、正使は小姓組番頭から外国奉行に移ってきた新見正興である。副使は箱館奉行兼帯で岩瀬の跡を埋めて外国奉行となった村垣範忠。新任の目付小栗忠順《ただまさ》が同行する。この三人にアメリカ派遣が達せられたのは九月十三日だった。軍艦方が水野・木村の体制となった直後である

水野は、自分が外国奉行の時期に許可をとりつけた「別船」のことを覚えていた。長崎から朝陽丸で戻ってきた勝海舟とも接触があった。自分は行けなくなったけれども、海舟を行かせると保証した約束は果さなければならない。ところが水野は十月に海軍を外されて西丸留守居に遷された。「外国御用」これまでの通りという異例の人事である。処罰はされない状態が続く。金銀相場について外国奉行と連名で建議することもある（大日本古文書幕末外國関係文書之三十一の八十二）。安政六年十二月だ。

水野が処罰されないのは、ハリスとの条約での金銀問題について横を向いていたということが大きいと思う。オランダとロシアとの追加条約を担当して問題を熟知していたのにハリスとの条約では完全に外された。発言の機会も与えられず、岩瀬の誤りが明らかになってから対策を立てる役割である。加えて田安家老だったから一橋派でも目立たずに済んだことも処分を免れた副次的な理由になると思う。岩瀬には貨幣問題での罪があることを重ねて強調し、水野が処罰されず生き延びたことの締めくくりとする。

安政六年八月二十八日、水戸への過酷な断罪を含む大獄の第一次処断と、幕臣多数の処分とが同日であったことを再度述べておく。ムラヴィヨフ問題を挟んだり水野忠徳に触れたりしたので印象不鮮明になったかもしれず念のため。

第二次、三次の断罪

その幕臣処分の続きが九月にある。九月十日、駿府町奉行の鵜殿長鋭が罷免され差控となった。八月二十七日に処分された岩瀬・永井・川路、二十八日の浅野・大久保と同じ立場なのだが、鵜殿は少し遅れた。同じ九月十日、岩瀬の下で奮闘した徒目付の平山謙二郎も、遷されていた書物奉行を免職差控となる。隠居させられた鵜殿が独特の復活をすることは先にも触れた。免職の平山謙二郎は本格的に復活して若年寄にまで進む。それぞれ後述する。

第二次の断罪は十月七日だった。橋本左内・頼《らい》三樹三郎・飯泉喜内の三人が死罪、六物空満《ろくぶつくうまん》遠島、三国大学や近藤茂左衛門は中追放である。

次いで十月二十七日、第三次にして最後の断罪。吉田松陰が死刑となった。日下部伊三次の息子裕之進と勝野豊作の息子森之助が遠島、宇和島藩の宇佐見長左衛門を重追放、儒者藤森弘庵が中追放だった。京都町奉行の家来で江戸に呼ばれて拘束された筧承三は、鉄炮方井上左太夫組の与力藤田忠蔵らと共に押込である。

第二次断罪と第三次との中間の十月十七日、前大目付の大番頭土岐頼旨が罷免・隠居・差控の処分を受けた。一橋派幕吏処分の続きである。次いで第三次断罪と同日の二十七日、先に若年寄を罷免されていた本郷泰固が五千石減禄・隠居・慎の処分を受けた。本郷家はこれで駿河川成島一万石の藩主の地位をいったん失う。同日、元側衆の石河政平が減禄・隠居・慎の処分を受けた。石河は前年の七月六日の前将軍家定没と同時に側用取次を罷免され、同年十月に自殺したのだが、井伊内閣は埋葬を許さずここまで引っ張って死屍に鞭打った。

二　桜田門外の変と久世大和復活

金取得に狂奔

安政六年九月十四日、老中間部詮勝と脇坂安宅《やすおり》は連名でハリスに宛て、批准使節の顔ぶれと随行者を含めた総人数、また出発予定の希望日などを通告した。使節を運ぶポーハタン号は既に来ており、清国駐在の公使ウォードが乗っていた。ハリスの希望で老中はウォードとの面談を承諾、十六日に脇坂邸で会う。

ポーハタンに搭乗するタットナル提督は、日本使節をインド洋・大西洋コースで運ぶつもりだった。しかしハリスが太平洋横断説で、幕府はそれに従う。出発予定日までに大きな空きができたポーハタン号は、九月十七日に横浜から上海に向い、十月六日に戻って来たときには洋銀で四十五万ドル積んでいた。乗組員は外交官でも商人でもないのに、一分銀を介して日本の金を獲得することに狂奔した。批准使節を運んで貰う軍艦だからと特例が認められたのである。測量船遭難でポーハタン号に収容されることになったブルック大尉とソルバーン大尉も同じ資格を持たされた。ブルックはソルバーンがポーハタンの士官と組んで金の取得に奔走することに対する厳しい非難を日記に書込んだ。ブルック自身はこの不当な商行為に手を出さない。しかし自分の名前を横浜居住の友人に貸した。ソルバーンやポーハタンの士官の手助けをするよりも良心の苦しみを感じることが少ないと書く。変な理屈だ。しかし後述するように咸臨丸渡洋は、このブルックの助けを借りるのである。

ポーハタン号は十月十八日、また横浜を出て、こんどは香港に向った。使節を乗せるまでまだ余裕があるので、その時間を大いに活用するつもりである。

その前日、すなわち評定所の第二次断罪と第三次の中間になるのだが、十月十七日の夕刻、出火で江戸城本丸が全焼した。将軍家茂や前将軍夫人天璋院は西丸に移った。ただちに再建の方針が立てられた。しかし本丸焼失の混乱を理由としての一分銀の供給停滞は抗議を受けた。欧米人にとって魔法の通貨だった一分銀への需要は、メキシコドルに「三分」と刻印を打つところまで進むのである。それにより三倍の価値が生じるのだ。

水野忠徳の後任軍艦奉行には十一月四日になって小普請奉行の井上清直が任命された。井上は二月二十四日に下田奉行兼帯の外国奉行から小普請奉行に転じたのだが、同年のうちにまた移動して軍艦奉行である。下田協定でハリスの言分を承認し、日米通商条約で同じ規定を踏襲した。岩瀬忠震は別格として、金流出に最も関わりが深いのが、この井上清直である。井上が軍艦奉行のときに、ブルック大尉に派遣軍艦への同乗指導を依頼することになる。ブルックは管見の限り、アメリカ軍人が金獲得に狂奔することに最も批判的なのだから、何か皮肉な感じを受けるけれども、当人たちはそこまでは気付いていていない。

安藤対馬昇進

安政六年が押詰まった十二月二十四日、老中間部詮勝が罷免された。表向は病免だが、京都弾圧の功も虚しく、ここへきて井伊大老に見捨てられたのである。替って安政七年＝万延元年の正月十五日、若年寄で磐城平五万石の安藤対馬守信睦《のぶゆき》が老中に昇進した。安政六年後半の駐日外交官に宛てた文書には老中間部下総と脇坂中務の連名が多いのだが、安政七年正月から脇坂中務と安藤対馬の連名に切替わる。井伊大老の圧制下で任命されて桜田門の後も老中を続けることができたのは安藤対馬だけである。有能なのだった。

安藤対馬が老中になった三日後の正月十八日、新見豊前・村垣淡路ら条約批准使節一行は品川沖で米艦ポーハタン号に乗込み、横浜まで進んだ。横浜で少し停滞する。

先行する咸臨丸はすでに浦賀だった。同艦は十九日浦賀発でサンフランシスコに向う。ポーハタン号は二十二日横浜発である。浦賀には寄らず、すぐに外洋に出た。

両艦には、のちの政局に関わる重要人物が乗っているけれども、いまと違い即時的な通信手段がないので、旅行中は日本との交渉が欠落する。咸臨丸の勝海舟は、五月五日に浦賀まで帰りついて初めて、三月三日の井伊大老暗殺を知るというぐあいに。

咸臨丸には幕末政局で海舟が目の敵にする小野友五郎が乗っていた。咸臨丸中の最高位者だった軍艦奉行の木村喜毅も、その従者として乗った福沢諭吉も、どちらかと言えば海舟の反対派である。ポーハタン号に乗った小栗忠順は反対派の代表格となる。その構図が固まるのは、まだまだ先のことだから、いまは桜田門外の変を巡る国内政局に進まなければならない。

井伊「罷免」と万延改元

井伊大老暗殺団の主力は水戸藩を脱した浪士で、幕臣は加わっていない。薩摩が呼応するという約束だったが、これは島津久光《ひさみつ》（藩主茂久《しげひさ》の実父）が許さなかった。実行集団の一員で義挙成功を鹿児島まで急報した有馬雄助は自刃させられる。参覲途上だった藩主茂久は病気と称して国へ戻った。

三月晦日（大の月で三十日）幕府は伊井大老を罷免するという手続を踏んだ。翌閏三月一日、江戸城で改元が演達された。京都で三月十八日に決定された「万延」改元を、幕府が閏三月一日発で津々浦々へ伝達。同日、久世大和守広周が老中に復した。久世は尾張の徳川慶恕や福井の松平慶永を隠居させる井伊の方針に反対して辞任し、約一年半ぶりの復活。井伊亡きあとの幕閣の中心となる資格を備えていた。

危なかったのは井伊政権末期に若年寄から老中に昇進した安藤対馬守信睦である。安政六年の若年寄のときから、水戸藩に勅書返上を求めることを担当させられ、恨みを買った。

老中に昇進した日（安政七年＝万延元年正月十五日）にも、登営した水戸藩主徳川慶篤に対し、勅書返納の期限を切るという圧力をかけた。老中としての担当は外国方なのだが、水戸藩を責立てる役目も果し続けた。勅書返納問題で水戸が収拾不能の混乱に陥ったことが、井伊大老暗殺の直接の引き鉄《がね》になっている。安藤の屋敷には「其方之首当分之内預け置もの也」と落書された。いずれ暗殺するぞという脅迫だった。

それでも安藤が老中の座を保持したのは、繰返しているように外国方として有能だったからである。もちろん幕府の方針（無方針）という制約の中だけれども、老中には珍しく条約締結相手国使臣と直接交渉する能力があった。文久元年のロシア軍艦対馬侵略事件のとき、イギリスの軍艦を対馬に行かせてロシア艦に圧力をかけることについて、オールコックとの間で了解しあった。この時期を「久世・安藤政権」と呼ぶのが普通だが「安藤・久世政権」と安藤対馬守を先に立てる人もある。

ロシアの対馬占領策

久世・安藤政権（安藤・久世政権）期の最大の外交的事件は、いま触れたロシア軍艦の対馬侵略である。万延二年（文久元）二月三日（グレゴリオ暦一八六一年三月十三日、ロシア暦三月一日）ロシア軍艦ポサドニックが対馬の尾崎浦にやってきた。ポサドニックは長崎から箱館へ行き領事ゴシケヴィチを降して対馬に来たのだが、それは日本側には解らない。箱館に降りたゴシケヴィチは別の軍艦で江戸に向い、二月七日に着いた。ゴシケヴィチはポサドニックが対馬に行くことを知っている。それがロシア外務省の方針でないのを心得ていた。

ポサドニックの艦長はビリリョフ。その上位で指揮しているのがロシア東洋艦隊司令官のリハチョフである。司令官リハチョフは乗艦ナイェーズドニクで二月二十九日に対馬に現れ、早く占領せよと督促した。リハチョフの上には海軍省総裁コンスタンチン太公（皇帝アレクサンドル二世の弟）がいた。太公は皇帝の承認と外相の責任回避（内心は反対）という状況下で、対馬占領策を推進中だった。

外務省が関与していないので、領事ゴシケヴィチには海軍の行動を是認しないという選択が可能である。箱館奉行からの交渉を受けたゴシケヴィチは、ポサドニックを対馬から退去させると約束した。この約束は果たされた。

ゴシケヴィチが約束したのは和暦六月十日だった。ポサドニックが対馬を退去したのは同じく和暦で八月十五日。条約関係にある国としてはこれが基本なのだが、同じ時期に別の動きがあり、そちらの方が良く知られている。それについて以下に述べる。

対馬は外様大名宗《そう》氏（当主は宗対馬守義和《よしより》のち播磨守）の領地である。急報を受けて幕府は外国奉行の小栗忠順（このとき豊後守のち上野介）を派遣した。咸臨丸に乗って品川を出発したのが四月十九日で、対馬府中着は五月七日。帰途に就くのが五月二十日だから、対馬滞在は足掛け十四日である。この二週間で小栗が何をしたのか明快でない。ロシア側と折衝したことは間違いないのだが、退去させる方向には一歩も進まなかった。小栗びいきの研究者（書き手）は少なくないけれども、このときの対馬での行動を擁護した記述は「管見の限り絶無である」といったん書いたのだが、心臓の手術予後不調と血液病併発で原稿が停滞しているときに上垣外憲一『勝海舟と幕末外交』が刊行された。この本については先に一〇一―一〇二頁で軽く触れた。いまは対馬問題で小栗忠順のこと。反英親露だった小栗は「対馬を天領としたうえで、ロシアに浅茅湾を軍港として貸し付ける」という構想を提案したのだと上垣外は見る（一二三頁）。この提案は、対馬藩の（対岸で藩主が親戚の長州藩からも）猛烈な反発を受けた。それで撤退せざるを得なかったけれども、無為に過ごしたのではないと上垣外は言う。

江戸に戻った小栗は、再派遣も箱館行きも辞して七月二十六日に罷免された。対馬に同行した目付溝口勝如《かつゆき》（のち伊勢守）も同じ処分である。

小栗が対馬に行って不在の江戸で水野筑後守忠徳が外国奉行に復した。水野は前記したように、ロシア海軍軍人暗殺事件で現場に行かず奉行所で指揮したことを咎められて神奈川奉行兼帯の外国奉行から軍艦奉行に移動した。更に西丸留守居に遷されたけれども外国御用はもとのままという異例の待遇、一橋派だったのに岩瀬忠震や永井尚志のような厳罰（罷免・職禄剝奪・差控）を受けずに生き延びていた。その水野が勝海舟を長崎に行かせたというのが、小栗問題に続く上垣外の推理である。それで『氷川清話』の長崎に居った英国公使に頼み込んだという部分（講談社学術文庫二一〇頁）が使える。オールコックが香港出張から長崎に戻ったところを捉まえたという話の展開が可能となるのである。真似ができない強烈な推論で、小栗忠順と勝海舟のそれぞれ、及び二人の関係について、大きな刺激を受けたけれども、承服はできない。

オールコックは長崎から陸路を旅して江戸に戻ると、その翌日に公使館を襲撃される（和暦五月二十八日・第一次東禅寺事件）。オールコックは無事だったが一等書記官のオリファントが重傷を負った。長崎からオールコックに同行したオランダ総領事デ・ウィットは江戸の危険なことに憤慨し首都駐劄拒否を通告、幕府は承諾せざるをえなかった。

オールコックは自国の艦隊が来るのを待つ。

英国東洋艦隊司令官ホープが香港総督ロビンソンを伴って横浜に着いたのは和暦七月二日であ

る。オールコックは同九日に老中安藤信正邸を訪れてロビンソンやホープを紹介。次いで対馬問題の協議に入り、ホープ提督指揮の軍艦を差向けてロシア艦に圧力をかけることを申出た。

幕府はすでに箱館奉行を通してロシア領事ゴシケヴィチに申入れてあり、それが正規の外交交渉であるから、オールコックの申出に応じることはできない。しかし反対する力もなかった。これは日本とロシアの関係だからイギリスが横から口を出すなと言えば立派だが、正規ルートの交渉で果してロシア軍艦が引くのか見通しはなく、実力排除は初めから諦めている。オールコックは幕府の暗黙の了解のもとに独自に行動すると決めた。傷の治療のため帰国するオリファント書記官が、道順だからとホープの軍艦に乗り同行。対馬着は七月二十二日である。

ホープとオリファントに乗込まれて、ビリリョフは対馬を占領するとも基地を作るつもりだとも言えなかった。艦の修繕のためだと言繕い、それが終わったら退去すると約束せざるをえなかった。リハチョフからも撤退命令が届く。ポサドニックの対馬退去は、前記したように八月十五日である。対馬藩主は移封を求める内願書を幕府に提出していたが、その必要はなくなった。正規の退去要求はロシアの駐日領事に対して出しながら（別に遅れてだが国際的アピールも行った）イギリスの独自行動を阻止せず是認するのは、非力な幕府の高等戦術だと評価できるか。

なおポサドニックが八月十五日に退去したあともオプリチニック（リハチョフの撤退命令を伝えに来た）が残った。これに抗議したのも箱館の村垣範正である。箱館からアプリヤークが派遣されて退去を命令、オプリチニックは上海に去る。アプリヤークは箱館に戻り、村垣は対馬問題が完全に終ったことを確認できた。

特命全権公使相当竹内下野守

久世・安藤（安藤・久世）政権期の外交案件で次に大きいのは両都両港開市開港延期談判である。両都は江戸と大坂、両港は兵庫と日本海側の一港（新潟）で、大坂開市と兵庫開港が京都に近いため特に問題だった。アメリカはハリス公使を通しての交渉で本国政府が延期を了承済み。イギリスやフランスも駐日外交代表は了解したのだが、英のオールコックも仏のベルクールも、使節を欧州に派遣するよう勧めた。二人とも、賜暇帰国に使節と同行しようと目論む。しかしベルクールは賜暇が実現せず、オールコックは日程がずれた。

幕府が遣欧使節を任命したのは文久元年三月二十四日。復活初代の箱館奉行から勘定奉行に昇進していた竹内下野守保徳《やすのり》が、この日に外国奉行を兼ねて、使節団の主席。特命全権公使相当の資格を持たされる。副使は変更が続くので後に廻すが、目付は京極能登守高朗《たかあきら》が全権公使相当と決まった。

安政七年＝万延元年の遣米使節はアメリカだけに行き、帰りは大西洋を渡るコースだったのにイギリスにも欧州大陸にも寄らず、喜望峰に直行し印度洋に出た。アメリカが独占した形である。ぜひ欧州にもという話は早くからあり、両都両港開市開港延期の交渉が絡まって実現することになった。この使節団にはロシアで国境交渉という任務も追加される。

副使水野忠徳案は英仏公使の反対で取消しとなり、神奈川奉行兼帯外国奉行の松平石見守康直に決まったのが八月二十一日である。これで三使が確定した。ただしオールコックが使節乗艦の候補をオーディン号と決めて幕府に報じたのは十月二十五日である。その品川発は和暦で押詰まった十二月二十三日。悪天候のため帆走が難しく汽走に頼り過ぎて石炭が不足、その補給のため予定外の長崎。大晦日は長崎。文久二年の正月を迎えたところで香港に向う。

香港からシンガポールへと走行中に日本では正月十五日の坂下門事件が起り、遣欧使節を送り出した久世・安藤政権（安藤・久世政権）が崩壊を始めた。しかし使節の任務は政権や政変に限定されたものではなく、より大きい。いまは国内の政局を超えたところのある彼らの見聞や成果について、安藤閣老の指示に制約されたことをも含めて、ここで小さく纏めて見ることにする。

スエズでオーディン号を降りた一行は汽車でカイロ、ここから英艦ヒマラヤだが、マルタ島で停滞する。フランスを先にするかイギリスか、受け入れ側の混迷があった。フランスが準備不足で日を稼いだらしい。マルタに三日も留まった上で漸くフランスが先と決まりマルセーユ上陸が和暦三月五日（グレゴリオ暦四月三日）、パリ着は九日だった。滞在費一切はフランス持ち、これは仏英同じ方針である。三月十五日（四月十三日）ナポレオン三世に拝謁。しかし遣欧使節の使命である開市開港延期の交渉は全く進まなかった。

進展がないまま、一行はイギリスに渡る。四月二日（四月三十日）ロンドン着。翌五月一日が万国博覧会開会式で使節は正装で参列した。三日のロンドン画報が一行のイラストを掲載。シナ人とは違う日本武士の姿が絵になる。しかしイギリスでも条約交渉は進まなかった。進展が見られたのは、オールコックが帰国してからである。彼は外国奉行支配調役淵辺《ふちべ》徳蔵《とくぞう》と通弁頭取森山多吉郎とを連れてグレゴリオ暦五月三十日にロンドンに着いた。日本と幕府の事情に通じている彼の構想により、五年延期が纏まる。使節にとって決して十分な延期年数ではないけれども、全く動きが取れなかった状況からは大きな前進である。この六月六日の「ロンドン覚書」が、続く関係諸国との交渉で基礎条件となり、結局はそのまま受け入れられたのだった。江戸・大坂の開市、兵庫と日本海側の一港（新潟）の開港、五年延期である。

一行は迎えの軍艦でオランダに渡り、次いでプロシア。更にロシアへと進む。露都ペテルブルクに着いたのは七月十四日（グレゴリオ暦八月九日露暦七月三十日）。日本を出てから半年以上が経過していた。パリに着いてから四カ月後。ロシアには樺太国境問題がある。遣欧使節竹内保徳一行が出発前に老中安藤信正から示されていた方針は、北緯五十度。これに対しロシア外務省アジア局長のニコライ・イグナチェフが四十八度線を提案してきた。主席全権の竹内保徳は箱館奉行を経験しサハリンの実情を熟知しているので、四十八度なら受入れ可能と判断する。しかし目付の京極高朗が強硬に反対した。安藤老中の方針通り五十度だと主張して譲らない。随員にも竹内の判断が理解できないものが多く、折角の妥協案が調印できなかった。このため日本は樺太について無権利の状態に陥る。

開市開港延期問題についてはロシア側に異論がない。これは決まり境界は保留で日露覚書に調印し、長かったペテルブルク滞在を終えて遣欧使節竹内保徳一行はプロシア経由でパリに向かう。ベルリン滞在中にオランダからロンドン覚書の五年延期を承認するとの返事が来た。その文面に疑義があったけれども再訪は拒否され、パリ着後に公文書が届いた。続けて最後にフランスが開市開港五年延期を承認する「パリ覚書」。使節一行は条約関係の無いポルトガルのリスボンを経て帰国の途に就く。

江戸帰着（登城報告）は文久二年の十二月十二日だが、幕府は悲惨なことになっていた。対京都朝廷では「攘夷奉承」、生麦事件では殺人犯の薩摩藩士を確保できず英国の要求を予期して恐れおののく。徳川慶喜将軍後見職、松平春嶽政事総裁職の政権は、後述するように参覲交代制緩和の改革を行ったのだけれども、攘夷奉承には何の見通しもなかった。そこへ遣欧使節が帰って来ても関心を示すことは出来ない。初め副使の候補だった水野忠徳は、慶喜春嶽政権と折合が悪く引退し癡雲と号していた。随員の一人として見聞を深めて来た福地源一郎（桜痴）は、水野と親しく、これも後述する小笠原長行率兵上京に同行。壱岐守長行が肝腎の所を押切る決断力に乏しいことを共に嘆いた。

遣欧使節竹内保徳一行のことを帰国まで見たので時期が進んでしまったが、いまは元に戻って久世・安藤政権のことを済ませなければならない。

「又ハ振干戈加征討候乎」

久世・安藤政権（安藤・久世政権）期の国内での最大の事件は和宮降嫁である。和宮の江戸城本丸入輿は文久元年十二月十一日だが、婚儀は坂下門事件後の文久二年二月十一日だった。降嫁した和宮は幕末の徳川にとって大きな財産である。戊辰戦争で徳川が絶滅させられず明治の華族として残ったのには様々の理由があり、これから述べるけれども、江戸城に和宮（静寛院宮）を擁していたことも無視できない。その財産を作ったのが久世・安藤政権である。しかし孝明天皇が和宮降嫁の条件として攘夷実行を確約するならと示唆したのに応じて、左のような老中連署状を作成し、これは幕府の運命に響く傷となった。

「当節ヨリ七八ヶ年乃至十ヶ年モ相立候内ニハ是非是非応接引戻候乎又ハ振干戈加征討候乎……何レニモ其節ハ屹度叡慮ヲ被為立御安心ニ相成候様之御所置ニ可相成」

選択肢の一方が干戈を振って征討を加えるというのだから、もう一つの「応接引戻」は条約締結以前の状態に戻すこと、つまり条約破棄である。幕府はこれを天皇に約束した。

こう約束しながらプロシアと新しく修好通商条約を結ぶと通知して天皇を怒らせるなど曲折はあったけれども、和宮は皇妹であるだけでなく皇女（内親王）の資格を得て降嫁したので、将軍家茂は天皇の婿となった。家茂二度目の上京から後は、天皇の婿という資格が、それなりの効果を発揮したようだ。

二度目の上京は文久三年の暮に海路、伊豆下田で文久四年＝元治元年の正月を迎えた。まだまだそこへ行くには手間取る。

第三章

慶喜後見職

一　坂下門事件以後

退くものと復活するものと

繰返し述べたように老中安藤対馬守信行（信睦）が桜田門外の変で失脚しなかったのは外交で有能だったからである。米欧の駐日外交官や来日軍司令官らと自身で応接する力があった。条約外の腹芸もできる。しかし文久二年正月十五日の登城途中を坂下門外で襲われて背中に傷を負い、三月二十六日まで七十日も休んだ。その間の三月十五日には本多美濃守忠民が老中を辞任し、若年寄で山形藩主の水野和泉守忠精《ただきよ》と、奏者番兼寺社奉行で備中松山藩主の板倉周防守勝静（「はじめに」で伊賀守、安政大獄で五手掛を外されたことも既述）が老中に昇進していた。板倉は二年後に、いったん退くという経過を辿るけれども、水野はこれから五年間続ける。「水野政権」と呼ぶ人もある。老中は入替わり始めていた。安藤対馬は四月十一日に辞任する。

四月二十五日、徳川慶恕・一橋慶喜・松平春嶽・山内容堂の謹慎が完全に解除された。このうち春嶽は五月七日に幕政参与である。同十三日から御用部屋に入り老中と共に政策を議することができる。隠居させられたのを元に戻すことはできないけれども、幕府内に位置を占めて政治的には完全に復活した。以前は政局の中心にいたけれども幕府の役職はなく親藩の藩主に過ぎなかったのだから、御用部屋入りは特別な優遇だと言えよう。

五月二十三日に、播磨龍野藩主を降りたばかり（四月二十二日致仕）の脇坂中務大輔安宅が老中に戻った。脇坂は井伊大老以前に所司代から老中に昇り、桜田門以後にかけて丸三年余を勤めた実績がある。水野・板倉と経験の乏しい老中が新しい主力なので、それを補佐しなければならない。藩主引退で揖水と称したが老中再任により中務大輔に戻った。脇坂再任と入替わりに同二十六日、内藤紀伊守信親（越後村上藩主）罷免。安政の政局を知る老中がまた一人減った。

そうして遂に六月二日、老中久世大和守広周の病気辞任が認められた。久世は五月七日に上京を命じられて費用五千両を賜り一千両を拝借、随行者に大目付大久保越中守忠寛（蕃書調所頭取再任で復活し外国奉行を経て五月四日大目付兼任、前出伊勢守だが外国奉行のとき改称）や目付浅野伊賀守氏祐《うじすけ》が決まったのだけれども、大原勅使と島津久光が下向するので来る必要はないと京都から通告され進退に苦しんだ。江戸でも将軍自身が行くのでなければならないとの議論がたかまり、御暇拝謁と拝領物受領（金とは別に拝領物）までした久世はひっこみがつかない。病気を理由に出発を延期し、そのままズルズルと辞任に追い込まれてしまうのである。一時期を画した久世安藤政権は完全に終った。

無理筋の慶喜後見職

勅使大原重徳《しげとみ》と、それを護衛する島津久光の行列が江戸に着いたのは六月七日だった。京都朝廷の江戸幕府に対する要求は、勅使到着より前に調整が行われて、一橋慶喜を将軍後見職に、松平春嶽を大老相当の職につけるようにという人事に絞られていた。天皇の強い攘夷要求も、開国論者である島津久光の真意も、ともに表に立てることをせず、慶喜と春嶽を中心とする幕府に解決させようというのである。

松平春嶽を大老相当の職につけることについては幕府内に異論がなかった。既に政務参与を命じており、それを格上げすればよいのである。しかし当人は慎重だった。参与として少し発言してみて幕府の因循は重症だと悟った。対策は容易でない。

一橋慶喜の将軍後見職には抵抗が大きかった。家茂将軍襲位以来ずっと後見職だった田安慶頼を、成人されて必要なくなったからと免じたばかりである。幕府内の理屈は立たない。

引受けそうにないので勅使側が非常手段を採ったと伝えられる。老中を暗殺すると威したのである。それが効いて七月一日に登城した大原勅使は、慶喜後見職、春嶽大老相当職との京都側の要請を、幕府は受け入れると聞かされた。ただし春嶽はまだ承知していない。受諾させるつもりだと幕府は押切った。

七月三日に大目付兼帯外国奉行の大久保越中守忠寛を側衆に転じ、特に側用取次に任じたのは大きな人事である。側用取次は旗本として望みうる最高のポストだった。

大久保は前記したように久世大和上京の随行を命じられた。将軍家茂を上京させる議論に切替わったときも随行要員だった。勝海舟は大久保越中に、将軍「海路上京」を提案する建白書を預ける。それは六月七日に老中脇坂安宅に提出された。昨日脇坂に渡したとの六月八日付海舟宛大越（以下何回か大久保越中守を「大越」と略す）書簡が残る。今日は春嶽に見せるつもりだとも書いているが、それが果たされたか否かは確認できない。しかし大越は六月二十日、海路一条はできるかもしれないという観測を海舟に伝えてきた。勅使東下があり将軍上洛は翌年になるのだが、海路で行くという方針がいったんは確定し、そのための洋船も購入された。この動きが大越の側用取次（七月三日）、勝海舟の海軍復帰＝海軍操練所頭取就任（同四日）とつながる。文久二年幕政改革の核ができたのである。

七月六日、一橋慶喜（一橋家を再相続）が「叡慮を以て」との異例の文言付きで将軍後見職に任命された。ただし文久二年幕政改革における慶喜の位置付けは難しい。先に挙げた二人の核、これから述べる二人の核と対立する。

政事総裁職松平春嶽と顧問横井小楠

松平春嶽の大老相当の職は、幕閣が勅使に請合ったにもかかわらず難航した。当人が慎重で病気と称して登城しない。賓師横井小楠《しょうなん》の江戸着を待っていた。熊本から福井に帰任する途中で江戸に来るようにと指示された小楠は、道を替えて七月六日着府。小楠を交えての藩邸の合議は出勤と決まった。福井藩の家臣に家門と譜代は違うという意識が強いため新しい職務名称「政事総裁職」が用意され、九日に任命される。その前日に小楠は中根雪江と共に大越を訪れて幕政改革につき建議した。小楠は前年の一時出府で大越とは面識の仲。諸侯の参覲を「述職」に易え、妻子を国許に居住させよと提案する。大名統制の手段としての参覲交代と妻子江戸居住を廃止し、短期間の江戸出張で政治的な情報交換や合議というのが、小楠の考える幕政改革の目玉だった。

その実現は手間取った。大老相当と言っても井伊直弼がやったと伝えられたように閣議で春嶽が押切るというわけには行かないのである。春嶽を交えた閣議は確立せず、調整役を期待された復活老中の脇坂中務大輔安宅は八月七日から欠勤。

八月二十日に江戸を発った島津久光が、生麦事件を起したのも、厄介な問題だった。日本人（薩摩藩士）が英国人を殺傷したのだから裁判権は幕府側にあり、神奈川奉行阿部越前守正外《まさと》（のち老中阿部豊後守）は犯人の身柄を確保すべく努力したのだが、幕閣には薩摩の行列を押留める勇気がなく箱根を越えさせてしまった。

政事総裁職の松平春嶽が事件を知ったのは二十二日の朝である。登城したが混乱に巻き込まれただけで筋の通る議論はできていない。帰邸して横井小楠も交えての会議で、薩摩に対し強硬姿勢をとり条約相手国とのルールを守ろうと決めた。しかし翌二十三日、登城した春嶽が邸議の通りに主張しても誰も聞いてくれない。怒って帰邸した春嶽は明日から登城しないと意志表明。

この二十三日の『徳川実紀』には奇妙な記事が出る。大名や大名の隠居十四人に「御鷹之雲雀」各三十を賜り上使が届けたのである。春嶽は賜る二人目に記録されている。だが春嶽と将軍に関わることを詳細に記録する『再夢紀事』も、御鷹之雲雀は書いていない。触れれば将軍を誹ることになるからだろうか。

「御鷹之雲雀」の話はまだ続いて、『水野忠精幕末老中日記』によれば二十六日に老中が各三十を賜っている。水野は初めてだが、雲雀拝領は慣例だったのか。

春嶽は二十四日から登城しない。大目付岡部駿河守長常らが驚いて接触してくるが断乎として登城しなかった。国許にいる養子で当主の松平越前守茂昭《もちあき》に宛てた二十六日付の手紙で見ると、原因は生麦事件ばかりではなかった。幕政改革を謳いながら、具体的なことは何一つ前に進まないのに憤激したというのである。二十二日、口には出さなかったが将軍に別れの挨拶。二十三日には老中たちと訣別した。これからは国許福井のことに心をそそぐ。小楠先生も御同意だという。ただし先生は御同意だと書きながら、その小楠が明日は大目付の岡部に、明後日には側用取次の大越に会う予定だと続くのが、この手紙の不思議なところである。

二十七日、小楠は春嶽の茂昭宛書簡に書かれた予定通りに岡部を訪れた。ここで小楠は存分に彼の幕政改革構想を述べた。岡部は呑込んで登城し御用部屋で小楠説を披露した。これまで春嶽が話していたに違いないのだが、彼の登城拒否（辞めて福井に帰ると決意）という衝撃下で、うしろに控えていたブレインから直接に聞かされて、岡部の頭がまず切替わる。その岡部により高級幕臣風に整理された話が他の吏僚や閣老たちに浸み透ったのであろう。わかってみれば、そんなにむつかしい理屈ではない。

小楠が翌二十八日に大越に会うと、昨日の城中の合議では、老中板倉周防守勝静が、参観交代は宗祖の遺法だから廃止できないと主張したけれども、岡部駿河と大越自身とが厳しく説破して、終に了解ということだった。眼目の参覲交代廃止が通ったのである。ただし板倉が反対だったというのは軽視できない。

横井小楠は閏八月一日に板倉勝静邸を訪れて、双方書生の心得をもって幕政改革について話し込んだ。備中松山（高梁）藩の儒者で勝静の顧問だった山田方谷《ほうこく》が同席した。この会談で勝静の腹が固り、改革がやりやすくなったと、岡部駿河が福井藩邸に来て語る。

まだまだ曲折があるけれども閏八月二十二日に参覲交代の大幅緩和を発令、改革は山を越した。

隠居山内容堂の苦しみ

生麦事件はひっかかったままである。春嶽や小楠は、薩摩に要求して犯人を出させるべきだと主張し続けたが、老中、特に板倉周防守が薩摩に対し強く出ることに反対で、閣議は纏まらなかった。

将軍上洛の方は決まった。明年二月発の予定だと公式に布告され、老中以下大名や幕臣が御供と留守とに振り分けられた。将軍については九月七日布告。御供は発令後に変動があるけれども、大筋は九月九日に布達された。大分類「御供」の中には先発も含まれる。どの布達も陸路だと読むしかない文面だった。それなのに勝海舟は海路用の蒸気艦の手配を急がされていたのだから微妙なところだ。

先に海舟の海路上洛建白のことに触れた。大越が老中に見せ、たぶん採用されるだろうと返事している。この大越と海舟の関係が文久二年幕政改革の一つの核だとそこで述べた。海舟は閏八月十七日に軍艦奉行並に任命され、その日からの日記が残る。ただし彼の日記は厳密に各一日をその日に記録したのではなく（そういう体裁になっているが）何日か後から遡って書かれた。その執筆時の、かなり気儘《きまま》な重要度判断による記憶違い混じりの記述である。木村喜毅日記などの緻密な記録と常に対照しなければ使えない。そうやって間違いのないところを抽出すると、彼が就任以来努力しているのは、将軍海路上洛用の汽船を確保することである。幕府が既に所有している船では不満足。新しく買う権限を与えられて横浜に出張、英商船ジンキーを購入した。日本名が順動丸、海舟はこれに将軍を乗せるつもりだった。

しかし曲折の末に、いったんは順動丸で海路と決まった将軍の第一回上京は、ギリギリのところで陸路に変更された。その代わり、帰路は大坂城まで出てきた将軍が、陸路東海道という予定を急に海路と変更し、海舟指揮の順動丸で江戸に戻った。その前に摂津の海を順動丸で視察という一幕があるので家茂も側近も洋式蒸気船に少しは慣れていたのだが、復路を急に海に変更したのは、京都に近づかないための苦肉の策である。

文久三年の将軍海路帰府まで行っては話が進み過ぎ。いま文久二年九月の江戸、将軍の来年二月上京予定が決まったところだ。それに先立って、後見職一橋慶喜を行かせるという話が出ているること、それに絡む種々の問題をこれから書かなければならない。慶喜の先発上京は、いま直ぐにもという急な話になっていた。

ところが京都では、攘夷督促の勅使を東下させることが決まった。先の島津久光と共に来た大原重徳勅使は、一橋慶喜後見職と松平春嶽政事総裁職を決めたけれども、京都朝廷の強い希望であった攘夷については何も成果を挙げていない。それに不満の廷臣と、長州・土佐尊攘激派の圧力とで、勅使をもう一度行かせるという話になり、正使三条実美《さねとみ》、副使姉小路公知《あねがこうじきんとも》が決まった。攘夷督促勅使である。

幕府は前述したように和宮降嫁と引替えに攘夷の約束をしていた。所司代潤色問題もある複雑な経過を経たけれども、孝明天皇は幕府が確約したと受止めて和宮を説得しており、随意に督促できると思いこむ。自重したときもあるが、この文久二年九月・十月には督促すると決めた。

幕府は困った。窮したと言ってよい。そこで政権返上論が出て来る。この文久二年段階で政権返上論を唱えたことが記録に残るのは二人いて、一人は政事総裁職の松平春嶽、もう一人は側用取次の大久保忠寛（越中守→一翁）である。どちらが先に言ったのか、春嶽は後年、大久保一翁が先だと述べた。一翁に譲った発言それ自体は尊重されなければならないのだが、大久保がいつどこで言ったのかという部分が正確な記憶だとは思えない。

その時点（文久二年）での記録に残るのは、春嶽が先である。春嶽は一橋慶喜が将軍に先発して京都に行き開国を主張すると意気込んでいるので、もし京都朝廷が攘夷せよと命じ続けた場合には政権を返上する覚悟があるかと詰問した。慶喜はその場では保留し、翌日は老中にその覚悟がないから言っても仕方があるまいと、横に逃げる返事である。春嶽は長文の辞表の中でこの遣り取りを詳しく再現し、自分が政権返上論者であることを際立たせた。春嶽の辞表が『続再夢紀事』に記録されるのは十月十三日のところである。大越が越前福井藩邸に来て自分の大権返上論を披露するのは十月二十日だった。『続再夢紀事』の編者は、どこまで意図してのことか解らないが、同席の横井小楠に感服させる。春嶽の政権返上論を十三日のところに記録したばかりの編者としては、ここで当人に反応させるのは難しく、小楠が感服したと記して収めたのではなかろうか。ともかく文久二年十月には政権返上論が確かな日付と場所を持って記録されたのである。

春嶽が大久保一翁の議論を聞いて驚いたと後年述べるのは、これよりも前のことでなければならない。春嶽が驚いたという記憶は、たとえ場所と時期に不審があっても（『逸事史補』で春嶽はある）敬重されなければなるまい。大久保一翁はこの着想を維持し続ける。春嶽も大久保一翁ほど自分が総裁職で大久保が大目付というけれども春嶽が総裁職になったときには既に大久保は側用取次でどではないけれども維持し続け、大政奉還の前年、慶応二年に彼なりの煮詰めかたをしてみせる（詳しくは後述）。本書の冒頭で述べたのは、それを慶喜に裏切られた時期のことである。慶喜も、彼に追随する（「阿諛諂佞」と春嶽に非難されている）幕臣も、翌年の大政奉還のことは考えていなかった。

さて攘夷督促勅使である。幕政参与として閣老に近い待遇を受けるようになった土佐藩の隠居山内容堂が、苦しい立場に追い込まれた。第一次の大原勅使を担いだのが薩摩の島津久光だったのに対して、第二次勅使の三条・姉小路を擁して来たのは長州と土佐の尊攘激派である。土佐では当主の山内豊範《とよのり》が武市瑞山《たけちずいざん》ら土佐尊攘激派の捕虜となっており、勅使を護衛して江戸に下った。京都朝廷の尊攘激派は、土佐藩のそういう状況を活用して、江戸の山内容堂に「攘夷奉承」を求めて来たのである。

山内容堂は松平春嶽と同じく徹底的な開国論者である。その容堂が幕府に対して攘夷奉承を迫る。説得に来た大目付岡部駿河に対し、攘夷しなければ攘将軍に及ぶとの激語を発した。岡部の報告を受けて江戸城は攘夷奉承も止むを得ないかという方向に傾く。

ところが容堂はそれに不満だった。福井藩邸に来て春嶽に対し、自分が怒鳴ったら攘夷奉承に傾く幕吏がだらしないと罵倒し、政権返上してでも攘夷を拒否するという大久保越中守を、真の大開国論者だと褒め讃える。

その大越が辞職を願い出た。老中水野和泉守が春嶽のところへ、その旨を記した手紙を寄越す。京都町奉行の永井主水正から「大久保越中岡部駿河小栗豊後」が開国論なので勅使東着の上は暗殺すべしとの風聞ありと報じて来た。三人は風聞に恐怖して進退するつもりはないと勤務を続けて来たが、万一そのことあれば政府の大汚点と再考し、岡部はひきこもり大久保は辞職を申出る。老中水野の相談は、大越を講武所奉行に転職させようというのだった。春嶽は大越の進退については登城の上で相談と返信。辞めさせるつもりはなかった。しかし老中や後見職が側用取次には不適任と判断しており、講武所奉行に遷され、やがてそれも罷免された。政権返上論と大開国論が容れられなかったのである。

海舟の自負

ここで慶喜のことを挟む。慶喜も山内容堂が怒鳴った「攘将軍」が効いて攘夷奉承に賛成した。この時期の慶喜は徹底的な開国論者だった。しかし開国論を主張して通らなければ政権返上という大越や松平春嶽のような発想はしない。将軍に先発して上京することを求められているのだが、兵二万を率いて行きたいと希望し閣老の同意を得て春嶽のところへ来たという話が、『続再夢紀事』の十一月二十八日に出る。春嶽は熟考の上で答を保留した。表向きは摂海（大阪湾）に来るかもしれない夷狄艦隊を禦《ふせ》ぐということだが、真意は京都で荒れくるっている尊攘激派に対する圧力である。しかし守護職になった松平容保は会津二十三万石で養う軍隊を持つけれども、一橋慶喜には直属軍がない。このとき慶喜の先発上京（上坂）に付添う幕府有司を将軍が指名中である。二万という兵はどこからも湧いてこない。老中が賛成したとすれば、攘夷奉承への不満で長く引籠っていた慶喜が出て来てやる気を見せたことに対する取敢えずの挨拶だろう。政権返上論の要素を含まない開国論（条約維持論＝慶喜の真意）に老中たちはおおむね賛成である。

大越が講武所奉行に左遷された直後になるのだけれども、勝海舟は日記に、幕府の改革は春嶽公が中心で大久保越州がその次、横井小楠の立案、自分も加わり、この四人が「不良」のことを行ったのだとの批判があると記している。しかし蓋棺是非定る時には天下その功績を知るだろうとの自信を示した。この四人が幕府改革派の中核なのだが、大越は早くも外され、海舟はまだ中枢で発言する位置にいない。

海舟は、日記に四人のことを書いた十日後の十一月十九日に、横井小楠を訪ねて「攘夷は興国の基を云に似たり」という言葉を引出した。慶喜のように攘夷論者を武力で威圧するのでなく、その熱情を「興国」に生かすという立場である。小楠はこの時期「破約攘夷」を唱えていた。日本側の無知につけこんで結ばれた条約を破棄するため相手国に使節を派遣するというのである。その前に江戸で駐箚欧米外交官を交えた会議を開き、勅使も出席させようと提案した。これは翌年の京都で公家・諸侯・庶民代表から駐日使節まで交えた大会議を開こうとする企画の原型となる。しかし提案者の小楠は、師走の江戸で友人との小宴中を襲われ、刀を取りに藩邸まで駆けもどったのが、士道不覚悟と糾弾された。出身の肥後熊本藩がそういうことに厳しく、越前福井藩に引渡しを求めて来る。福井藩としては江戸に置くと肥後藩との応接に困るので福井に送り庇護することにした。江戸の春嶽は顧問を失う。京都に連れて行くのも不可能となった。

二　攘夷奉承後の混迷

海路か陸路か

京都へは、まず守護職の松平肥後守容保が十二月九日江戸発で陸路を行った。これは赴任の旅である。次いで十二月十五日、後見職の一橋慶喜が出発した。こちらは将軍に先発しての上京で、やはり陸路。老中格小笠原図書頭長行は摂海（大阪湾）視察を兼ねての先発だが、勝海舟が購入したジンキー（和名は順動丸）で十二月十九日に品川を出帆と海路。閣老級が船で大坂へ行くのは初めてである。閣老級でなく奉行クラスでも海路上坂や上京はしなかった。長崎までも陸路である（箱館奉行だけ例外で帆船を使うこともあったが概ね陸路）。小笠原老中格の海路には、将軍が乗る予定の船を試すという意味もあった。

十二月二十七日、将軍の海路上京が発表された。往復とも蒸気船である。当初の陸路で立寄る予定のところは、みな取消された。供のものも海路・陸路の別が改めて指示された。船には収容力に限りがあるので海路は選ばれた人員だけ。陸路組は船の到着に合わせるため出発を早めなければならない。

老中格小笠原長行に続く大物の海路は山内容堂である。筑前黒田家の汽船大鵬丸を幕府が借受け、運航は軍艦操練所の小野友五郎が担当した。その容堂の出発が最終決定する前に、京都から近衛忠煕の意を受けて大久保利通や吉井友実《ともざね》が東下し、将軍の上京を見合せよと進言する一幕がある。大久保と吉井は、近衛の意見だけでなく島津久光の建白書をも持参。尊攘激派が猖獗《しょうけつ》する京都へ行っても何もできはしないというのである。松平春嶽は賛成して将軍の耳に入れるのだが、上京方針は動かない。近衛にも朝廷の姿勢を変更させるところまでの覚悟はなかった。

福井藩邸に来て上京見合せ論に大いに関心を示した容堂も予定変更には至らず、文久三年の正月十日に品川の大鵬丸に乗った。

大鵬丸は遠州灘で嵐に遭い下田まで引返した。その下田へ勝海舟の順動丸が入港する。江戸へ戻る途中である。海舟は逗留中の山内容堂を旅宿に訪れて即興の瓢簞《ひょうたん》画を貰った。これは坂本龍馬に絡む大切な場面だけれども、いまは省略する。

しかし海舟が小野友五郎を叱責したという話は幕臣の対立関係に繋がるので触れておかなければなるまい。容堂に随行していた寺村左膳の日記によると、海舟は小野友五郎と加藤安太郎を叱りつけた。国主大名の初めての航海だから極上の天気を十分に見極めて上下安心せらるるよう計らうべきなのに、この度の始末は不出来千万、以後注意せよと言うと、小野も加藤も一言もなく恐れ入り「人物之高低一目瞭然」と解ったというのである。

寺村は遭難しかけて漸く助かった直後だから海舟寄りの気分になっているのだが、元来の航海技術は小野友五郎が優れる。そのことは咸臨丸による太平洋横断の往路で明瞭だった。

しかし大鵬丸の航海には政治的要素が大きい。幕府高官や親幕府の大大名、さらに将軍までも船で運ぼうというのである。途中は慎重の上にも慎重を期さなければならない。大鵬丸の運用が海舟の要求する慎重さに欠けていたことは否定できないだろう。海舟に対して言い分のある小野友五郎も、ここは黙って従う外はない。それが寺村左膳の眼には「人物之高低」と映った。

江戸に戻った海舟の順動丸が次に運ぶのは松平春嶽である。一月二十二日乗船で翌二十三日品川発。目付杉浦正一郎が随行乗船し詳しい日記を残してくれた。

山内容堂は正月二十一日大坂着で二十五日入京、松平春嶽は二十九日大坂着で入京は二月四日だった。

順動丸の海舟のところへは、将軍の海路出発の日が早められたので急ぎ戻れとの手紙が来た。木村喜毅が一月二十八日に発したのが二月五日に届いた。二月二十六日の予定だった将軍の乗船予定が二十一日と五日くりあげられたのである。海舟は帰航を急ぐ。ところが帰ってみると予定は更に変更されていた。十三日発で陸路、八日も早めて東海道を上るのである。

このとき江戸湾にはイギリスの軍艦が増えていた。生麦事件について本国外務省の強硬な訓令が届き、戦争するつもりのあることをみせつけての交渉が、これから開始される。将軍海路では、乗艦は英国軍艦の間を抜けて行かなければならない。それを避けた。江戸にいるのも危ないので出発を更に早めた。逃げだしたのである。将軍不在は回答引延しの口実に使われた。

出発日を早めても陸路だから京都着は遅くなる。先行して京都に揃った一橋慶喜・山内容堂・松平春嶽、また別途に京都に来た徳川慶勝《よしかつ》、伊達宗城らは、陸路に変更になったのを知らず、攘夷期日について責め立てられるまま、将軍滞京十日で海路帰府し、江戸着二十日後に攘夷との予定を立てた。海上の風波で予定がずれ込んでも四月中旬には攘夷と、随分気楽な書面を用意している。

将軍の行列には水野和泉守忠精と板倉周防守勝静の両老中が随行した。水野には「御上洛御発駕日記」がある。駿府で一日休み久能山東照宮に参拝する様子が詳しく書込まれた。江戸や京都に次飛脚を仕立てるとも書く。しかし手紙の中身も含めて政治的に意味のあることには全く触れない。英国の強硬な要求が江戸から通報され、行列を通り越して京都までも届くのだが。

攘夷期日五月十日

将軍の入京は三月四日だった。先行していた一橋慶喜や松平春嶽、山内容堂らは、尊攘激派の攘夷要求が猛烈となる一方なのに抵抗し、何とか天皇の真意を摑もうとするのだが成功しない。天皇の攘夷論と、三条実美らが唱える即刻攘夷との違いに、切込むことができなかった。天皇は温厚な攘夷論で即行論ではないという実像に近いものを公的に確認する手掛かりが摑めなかった。激派に合わせた譲歩を繰返さなければ、将軍を迎える朝廷側の体制ができあがらない。

これはダメだと思った松平春嶽は、上京してきた将軍を大津まで出迎えて辞職を勧める。将軍が攘夷はできませんと言って辞める以外に打開策はないと、春嶽は判断した。

しかし春嶽の提案は聞き流しにされた。将軍辞職は家茂自身にとっても、京都に集っていた幕府の最高幹部にとっても唐突に過ぎた。既に攘夷期日について帰府後二十日と返事してしまったのである。春嶽は抵抗したのだが、そのときは反対し通すことができなかった。それで改めて将軍辞職の他はないと思い詰める。修羅場を乗切る力が弱い。横井小楠が側にいないことも大きいだろう。

将軍より少し遅れて鹿児島から入京した島津久光は、見込のない攘夷について実行を約束し期限まで切るとは何事だと怒るのだが、誰も答えることはできない。春嶽はすでに単独で辞表を出し、このときの久光とは面談しなかった。久光は滞京わずか五日で帰国する。春嶽は辞職を認められないまま離京し、あとから罷免逼塞の処分が追っかけて来た。

将軍は尊攘激派の捕虜となった。滞京予定期間が過ぎても帰府させて貰えない。後見職を帰府させて攘夷実行、将軍は下坂して摂海（大阪湾）視察という作戦を立てたが、期限を明確にせよと迫られ、五月十日と答えてしまう。

東下する慶喜にも、下坂する将軍と閣老らにも、本当に攘夷する気はさらさらない。ところが将軍護衛の目的で京都に残り後に新選組となる浪士集団は、攘夷するつもりだった。中山道で上京した浪士組の本体は、清河八郎や山岡鉄舟の方針で江戸湾攘夷のため引き返した。芹澤鴨や近藤勇ら十数人が守護職松平容保の預かりとして残り、摂海攘夷を目指す。将軍や閣老とズレているのに気付かず、本気で攘夷するつもりだった。表向きは将軍の警護が目的だから、彼らが下坂するのを誰も阻止しない。

家茂の摂海視察

将軍は四月二十一日、途中で石清水八幡宮に参詣し、大坂へ下った。橋本町船着場から船で、夕方には大坂城に着く。将軍を石清水まで見送り引返した一橋慶喜は、翌二十二日京都発で陸路江戸に向かった。

老中格の小笠原長行が生麦事件解決のため慶喜より先に帰府した。将軍の側にいる老中は水野和泉守忠精と板倉周防守勝静の二人である。水野は京都に残り板倉が大坂に下った。

大坂の将軍家茂は二十二日に城を検分し、二十三日は勝海舟の指揮する順動丸で摂海の視察に出た。兵庫に上陸して和田神社の神主宅で休息、午後は神戸一帯を見て廻った。海舟に求められて海軍操練所の設立を許可するのは、このときのことである。家茂即決と海舟は記す。板倉勝静は共に上陸しているのだが、どのように反応したかを御上洛日次記は記さない。

将軍は西宮でも上陸し、風が出て船に戻れず、海岸を東（大坂の方向）へ一里ほど歩いた。将軍が元気で気分良く歩いたことは、御上洛日次記と海舟日記に共通する。御上洛日次記は、将軍歩行の記事が詳細なのに、海軍操練所設立許可は書かなかった。

四月二十八日に将軍は、馬や駕籠で堺まで行き、同所から順動丸に乗って泉州沖を見て廻った。その夜は順動丸に泊り、翌日は加太湊に上陸して淡島神社で紀州藩主と対談する。そのとき家茂は、実父徳川斉順《なりゆき》の寺である和歌山雲蓋院に行きたいと希望。老中板倉勝静は加太からの距離を聞いて今日一日が潰れるのは困ると判断し、「御東下之節、紀州浦御通船相成候事ニ付」その時に参詣されたいと願って、急ぎ大坂へ引上げた。御上洛日次記が記録する板倉の語気では、早くもこの時点で、帰路は海と決めていたようだ。

順動丸を指揮する勝海舟は、この話を記録しない。天候悪化の兆《きざし》があるので帰りを急ごうとすると、側近を固めた連中が、せっかくだからもっと視察して廻ろうと主張。そのとき家茂が、海のことは軍艦奉行の意見に従おうと言ってくれた。大坂へ戻ると果して大嵐になったので皆が感謝したけれども、軍艦奉行に従おうと言ってくれた家茂が偉かったのだと海舟は日記に特記。操練所建設を即決してくれたことと、この軍艦奉行の言う通りにという発言とで、海舟の家茂敬愛は決定的になった。

ともかく四月下旬から五月上旬にかけての将軍家茂は、大坂城を拠点に、いまの大阪湾一帯を視察して廻ったのだが、攘夷約束の五月十日には何も起こらない。翌十一日、京都に戻った。のちに新選組となる浪士隊も念願の摂海攘夷は出来ぬまま帰京する。

江戸に帰った後見職慶喜の方はなかなか面倒である。生麦事件の償金問題が絡んでいた。

前記の通り慶喜より先に老中格小笠原図書頭長行が帰府した。実は小笠原は海路のつもりで下坂し、海舟の順動丸に乗る予定だった。ところが急に京都へ呼戻され、そのまま陸路で帰府する。なぜ陸路になったのか解らない。大坂で待惚けを喰わされた海舟は、三月二十五日発で美濃路と聞き、その旨を日記に書込んだ。ところが水野忠精幕末老中日記の二十五日には「図書殿には御用に付大坂へ出立被致候」と書かれているので、京都でも混乱していたようだ。ともかくこの小笠原長行の陸路帰府で、僅かながら続いていた海舟との連携は切れた。

小笠原が戻った江戸は、攘夷不可・償金支払論である。増強されたイギリス艦隊に対抗できる見込はない。

しかし将軍と後見職は五月十日の攘夷を約束し、慶喜が東海道を下ってくる。江戸の方針は償金を支払い、攘夷については鎖港通告をするというものだった。一致した見解ではない。小笠原長行主導で、まだ気力を失っていない幕臣が協力した。軍隊を率いて京都へ上るという計画も動き始める。

慶喜は小笠原が償金を支払った後の江戸に戻った。横浜鎖港の通告が全く相手にされない現実を踏まえて、将軍後見職の辞表を京都に送りつける。率兵上京には関心を持ったようだが参加はせず、その計画を京都へ通報した。

三 「率兵上京」

仏公使ベルクールの役割

話を償金支払の前に戻す。将軍や滞京中の幕府幹部が尊攘激派に痛めつけられていることを英国代理公使ニールや仏国全権公使ベルクールは知っていた。彼ら、特にベルクールには幕府を軍事的に支援して将軍を取り戻し京都朝廷の攘夷方針を放棄させる計画があった。幕府がそれを受け入れるか、江戸を英仏の艦隊に攻められても已むを得ないと判断するか、その選択を陰に陽に迫る。ニールは償金を払えばよし、くれなければ解決を艦隊司令官に委ねると単純だが、ベルクールには駐日外交官の代表として条約の相手（幕府・将軍）を、敵対勢力（京都朝廷・攘夷派）から守る姿勢があった。

そのベルクールも、幕府の償金支払がぐずぐずと遅れるのには困ったようだ。ニールを宥めることが出来ない。やっと小笠原壱岐守長行が決断して横浜に行ったのは和暦五月八日である。待ちかねていた神奈川奉行が、今夜届けると申入れたが、明日朝でよいとの返事で九日になった。

慶喜は小笠原が償金を支払うつもりで江戸を出た日に、その事を神奈川奉行から聞いた上で帰府した。川崎泊りの予定を変更し八日の夜中に戻った。小笠原が八日の朝に蟠龍丸に乗りながら神奈川着が夜になるのは、慶喜の動きを気にしていたのかもしれない。

小笠原は償金支払と同時に横浜鎖港通告もするのだが、これは全く相手にされない。小笠原はいったん江戸に戻る。

「率兵上京」が改めて動き始めた。幕府陸軍の部隊を運ぶためフランスの軍艦を借りたいのだが、ベルクールは軍事援助を断るのであれば船は貸さないとの姿勢を押し通す。幕府は英船を借りることに切替えた。

慶喜の態度がはっきりせず、船が用意され軍艦奉行並の矢田堀景蔵《けいぞう》（鴻）付添うことまで決まったのに、結局は乗らなかった。慶喜が行かぬので、矢田堀は先発していた小笠原図書らを追う。九月二十四日のことである。

小笠原や町奉行の井上清直らが鯉魚門で品川を出て横浜まで行ったのは九月二十日である。中心人物の水野癡雲は翌二十一日に蟠龍丸で横浜まで行った。鯉魚門は故障して浦賀から先へ行けない。小笠原島移民撤退の任務を果した朝陽丸が帰って来たところである。初め朝陽丸の使用を許さなかった幕閣も、鯉魚門故障では仕方がない。小笠原図書らは浦賀で朝陽丸に乗換えて大坂に向かった。横浜発と浦賀発があり日が混乱しているが、浦賀を朝陽丸で出たのは二十七日である。

小笠原撤退

ここで朝陽丸に絡み、折角移民した小笠原島から撤退した話を挟まなければならない。この件には、率兵上京の主役の一人水野筑後守忠徳（癡雲）が大いに関係する。最初に咸臨丸で小笠原島に行ったのは水野筑後である。

幕府は多年放置していた小笠原島に八丈島から人を移す計画を立てた。それで八丈島の多すぎる人口問題を解決し、併せて小笠原の日本領を確定する。英国領となることを警戒していた駐日公使ハリスが賛成し、米公使館員が在島のアメリカ人宛の手紙を書いた。開封のままだったので翻訳が残り水野筑後を称揚して先住民を安心させる内容だったことが解る（田中弘之『幕末の小笠原』中公新書・一九九七年が一二九ページに引用、典拠は『続通信全覧』）。

水野筑後搭乗、小野友五郎艦長の咸臨丸が小笠原の父島に着いたのは文久元年十二月十九日である。このときは八丈島に寄らず移住民の募集も出来ていない。しかし水野らの努力で小笠原島の調査は行届き、先住民との摩擦も避けられた。八丈島からの移住希望者を運んだのは朝陽丸である。文久二年八月二十六日に小笠原の父島に上陸させた。夫婦もの中心で子供らを含めて約三十名。家を建てる職人らは別勘定である。当座の食料などは幕府が用意した。

生麦事件が突発したのは文久二年の八月二十一日である。そのときは小笠原島には何も起こらない。これから移民を進めるところだ。しかし薩摩藩士が英国人を斬り裁判権を有する幕府が何もしない（薩摩藩士を逮捕せず）のを怒った英本国から強硬な訓令が届き賠償金を求めて戦争をも辞さないという情勢となると、小笠原島が襲われることを恐れた幕府は移住民を撤退させることを決めた。朝陽丸が派遣され移住民を収容して浦賀まで戻ったのが文久二年の五月十九日である。小笠原長行が償金を払ったのが五月九日で、問題は解決済、撤退の必要はなかったのだが、通信手段のないこの頃としては已むを得ないだろう。幕閣は前記したように率兵上京には朝陽丸を使わせない方針だったが、鯉魚門の故障では仕方がない。

なお少し横に逸れるが、移住民が生活した正味七カ月ほどの間に、小笠原島を基地とした捕鯨が行われたことにも触れておきたい。これは最初の咸臨丸にも同乗していた中浜万次郎が主役である。彼は土佐の漁船で遭難、アメリカの捕鯨船に救われた。更にまた米捕鯨船に乗組んだという経歴を持つ。咸臨丸太平洋横断の往路では船酔と病気の勝麟太郎艦長から指揮権を一時的にブルック大尉に移すことの通訳を務めた。艦長代行の役割を果たすときもある。しかし彼は帰国後の万延元年八月二十五日に軍艦操練所教授方を罷免された。子孫中濱博の『中濱万次郎』（冨山房インターナショナル・二〇〇五年）によれば「外国船を訪問したという些細なこと」が理由らしい。そのとき勝海舟は既に蕃書調所に移されて海軍を離れていた。

その万次郎が最初の小笠原島行きの咸臨丸に乗ったときの役割は通訳だが、現地を見て捕鯨への希望を強める。経緯は略すけれども移民が生活中の小笠原の父島を基地として文久二年三月に壹番丸で出漁しマッコウクジラ二頭を得た。続ければまだまだ収穫がある感じだったが撤退方針に従う。小笠原で捕鯨経験のある先住外国人を傭い不愉快な事件に巻き込まれるのだが、それに触れると横道に逸れ過ぎるだろう。万次郎も「人材」の一人なのだが、幕府はその才能を生かしきれなかった感じがある。長く薩摩藩に貸出された。

話は率兵上京の本部が朝陽丸に乗込んだところへ戻る。

晦日に大坂着

兵員は借りた英船二隻に分乗させた。水野癡雲に誘われた外国方の福地源一郎（のちの桜痴）は英船で紀州の由良に着いたと断定的に言いながら、将兵が乗っているのを見ただけで自身は御軍艦と話が食違う（『懐往事談』の全体が混乱を極めている）。しかし英船に兵員が積まれているのを見たことは間違いないだろう。

兵庫の勝海舟のところへ六月一日の夜に矢田堀景蔵が来た。その矢田堀から聞いたのか別の情報か、はっきりしない書き方なのだが、兵庫より順動丸・咸臨丸・蟠龍丸を出して紀州の由良から歩兵一隊を昨日大坂まで運んだ。由良までは英船、その「意図不明」と批判的な筆である。

これで五月晦日には、上京を目指す幕臣幹部も軍隊も大坂に揃った。矢田堀は軍艦方で上京メンバーではないから兵庫の海舟のところへ来る。

小笠原図書や水野癡雲らは一日に上陸すると徹宵行軍し二日朝に枚方。ここで同行していた目付二人、土屋民部と向山栄五郎とが本隊から離れて京都に向った。三日に二条城で将軍に会う。人払いで面会する。いったん淀まで下るが四日にはまた二条城。

本隊は二日の裡《うち》に淀に達したが三日は動かず四日に老中水野和泉守を迎える。水野を主語にすると二条城を早目に退出して乗切りで淀、小笠原図書と徹夜で談判したが論破できなかった。上京を押止める説得ができなかった。

議論に勝った小笠原は、五日午後には上京と決めたのだが、将軍の親書が届いてまた停滞。福地桜痴の『懐往事談』だから日はあてにならないが小笠原について水野癡雲の嘆息「図書殿には此の大切なる機会に押して上京するの断なし」を記録した。桜痴はこれを六日だと語る。その六日には老中板倉周防が淀に来る一幕があった。これについては家臣の三島貞一郎が師匠の山田方谷に失敗だったと報じた。ただし山田方谷・三島貞一郎師弟は、殿様の板倉勝静に対する評価が低くて大失敗をしないうちに老中を辞めるべきだと常々思っているので、割引いて受取る必要があるかもしれない。

七日には、将軍が大坂城へ行くと布告された。京都朝廷側と在京幕府幹部側との複雑な遣り取りに中間的な結論が出たのである。

摂海視察から帰京した家茂は江戸から攘夷の報告が届かないことを責められ、自身が帰府しての実行を提案するなど紛れを求めたが、更に難題を吹っかけられ苦しみ続けた。そこへ小笠原の軍が来るとの情報が入り、京都朝廷側は将軍を手放さざるを得ない。御暇参内が六月三日。その日に家茂は目付二人に人払いで会っている。七日の大坂行き布告には、〝伏見まで戻って陸路東帰〟という変な予定が付随していた。夜、目付の一人・土屋民部に、江戸へ急行せよとの命令。江戸で同僚目付の杉浦梅潭《ばいたん》に語ったことが記録に残り、この事件の理解を助ける。

兵庫で矢田堀景蔵の話を聞いた勝海舟は、全く別の要件で京都に呼ばれ、六月七日には謹慎閑居中の京都町奉行永井尚志を訪れた。永井は、姉小路公知暗殺犯人と疑われて拘束中だった田中新兵衛が自害するのを防げず、それを咎められての閉門中。永井と勝は長崎海軍伝習以来の深い仲である。勝は小笠原長行とも旧知なので淀に説得に行こうかと話しているところへ、将軍が大坂に下るとの情報が入った。淀の小笠原は、それに先立って大坂まで戻る。海舟の出番はなかった。

将軍海路東帰

将軍の下坂は六月九日である。伏見から船で、夕方早めに大坂城に着いた。小笠原長行は城に先着しており、人払いして密談だった。

将軍に随行した老中水野忠精と板倉勝静は、いったん城を出て大坂城代松平伊豆守（三河吉田藩主大河内信古《のぶひさ》）の役宅へ行く。そこで小笠原長行の老中格罷免と大坂城代へ御預けとを申渡した。小笠原当人にではなく名代松平伊豆守に申渡したのである。

当人と密談した将軍が直接に申渡すのではなく、老中が（『水野忠精幕末老中日記』によれば水野が）名代の城代松平伊豆にという奇妙な手順だった。

翌十日には水野が、やはり城代役宅で、井上清直と水野癡雲に差控を申渡した。井上は現職の町奉行（江戸）だが、このときは罷免されていない。癡雲は連れて来た外国方の福地源一郎が処罰されず江戸に帰れるよう大坂町奉行の松平勘太郎に手配を求めた。松勘は外国方の仕事で帰府できるように計らってくれたと『懐往事談』。

将軍陸路帰府の出発予定は延期され、かなり唐突に海路に変更された。前に板倉勝静が実父の寺に参詣なさるのは海路帰府のときと申上げて宥めたという話を書いたが、それとの関係はないようで、このとき急に決まった。順動丸を指揮する海舟が通告を受けたのは、彼の日記によれば出発前日の十二日である。十一日に「内議」があったようだが、それ以前には何もない。船に乗る供と、予定通り陸路で帰る供とが、急ぎ仕分けられた。老中クラスでも、自分の供を海路と陸路に分けている。

海舟は敬愛する将軍家茂を自分の指揮する順動丸で江戸へ送ることに異存はない。しかし実はこのとき対馬へ行く予定だった。対馬藩主宗重正が幕府の船を借りて帰国するので、別船で同行、対馬から朝鮮にかけての形勢を視察したい。対馬藩に貸す船は軍艦方所属の帆船昌光丸で、海舟の部下が運航する。海舟への対馬出張命令には、どの船とは書かれていないけれども、特に指示がなければ彼が乗回している順動丸で行くと考えるのが自然だろう。

その順動丸とセットの海舟に、将軍を江戸へ送れとの命令がギリギリのタイミングで出たのである。孤船となった昌光丸は使命を果たすけれども、直後に遭難沈没し乗組員から死者が出た。それを海舟が知るのは江戸に帰ってからである。

八・一八政変

いまは将軍の帰る江戸の問題。後見職が先行帰府しても攘夷ができなかったので、将軍自身が責任を果たさなければならない。順動丸を指揮した海舟は、もちろんアメリカを見てきた徹底的な開国論者だけれども、将軍が天皇に約束した攘夷は実行しなければと思っていた。しない方が良いのだが、将軍が確約したのだから仕方がない。

しかし江戸の幕臣の多くは、そうは思わない。特に現場の第一線にいるものには、攘夷ができないことが明白である。随行帰府した二老中のうち板倉周防守勝静の方は引籠った。水野和泉守忠精は出勤を続ける。将軍と共に攘夷という姿勢に微差があったのだと思われる。

板倉が出て来たのが確認できるのは七月二十七日である。本当の病気で数日休んだ水野が、残症を押して二十七日に登城すると、板倉が出ていた。水野の病欠がまた続くけれども、板倉は休まず八月は月番である。他の老中は本当の病気や仮病で休むことが多く、御用部屋に板倉一人の日もあった。その月番老中板倉周防守勝静の下で沢勘七郎を外国奉行に再任するなどの中堅幹部の人事が進められ、八月十日に至り将軍が布衣以上の有司を集めて不日鎖港交渉に入ると宣言した。戦争になっても止むを得ないという含みで、品川台場など防御体制の検分もある。

老中首座の酒井雅楽頭《うたのかみ》と月番老中板倉の品川台場行きは八月十八日。京都で八・一八の政変があった日だが、もちろん江戸は知らない。天皇の軍が江戸に攻めて来るという凶報に困り果てていた。

八・一八の確報が江戸に届いたのは二十四日である。天皇が攻めて来る恐怖からは解放され攘夷戦争の覚悟も不要となった感じだが、幕府なりに真相を摑まなければならないので、筆頭老中の酒井雅楽頭忠績《ただしげ》を上京させようということになる。大和《やまと》天誅組事件の報も届いており、武力が必要だからと何人もの大名に上京が命じられた。

老中の酒井と、随行する大目付渡辺孝綱・目付高力忠長は、海舟が順動丸で運んだ。大坂天保山沖着が九月九日である。迅速だったとは言えない。十四日に参内すると鎖港攘夷が遅いと叱責された。尊攘激派を追放した後も天皇の攘夷志向は変わらず、幕府は苦しめられ続けた。同じ十四日、江戸では老中らが築地の軍艦操練所で米国弁理公使ブリュイン、蘭国総領事ポルスブルックと鎖港談判し、一橋慶喜も襖《ふすま》を隔てて盗聴するという場面があるのだが、アリバイ作りのごときもので、交渉が進展するとは幕府側も思っていない。

京都から戻った酒井忠績は九月二十九日（小の月で晦日）に登城した。天皇が攘夷を要求しているという老中の報告は幕府に重くのしかかった。幕府はできもしない鎖港交渉の切り口を見つけようと苦心惨憺するが、幕臣の意見は分かれる。鎖港に熱心なものを第一線に持って来ようとするけれども、当人の真意が明瞭なわけではない。将軍や老中にしても本当にどのように考えているのかは解らない。政治総裁職に任ぜられた川越藩主の松平大和守直克《なおかつ》が攘夷論者であったことだけは確かなようだが。

後見職慶喜が攘夷に踏切っていたと分析する研究者が多いけれども、いったん開国論に切替えた者が、そう簡単に後戻りはできないと思う。それは勝海舟を追跡していればよく解る。彼が時々強烈な攘夷論を唱えるのには理由があり、本心ではない。前にも触れたが、天皇に確約した（この確約に海舟は責任がないのだが）将軍を船で江戸に運ぶ羽目になったときは、仕方がないと思い、攘夷戦争を覚悟している。海舟と慶喜が攘夷論者だという説が小さく流行した時期があり幾つか論文を読んだが、人物が理解できているとは思えなかった。

神戸に移る海舟と福井の政変

参内して天皇に叱られた酒井忠績が陸路帰府したので、順動丸で送る仕事を免れた勝海舟は上《かみ》方《がた》滞在を続ける。神戸海軍操練所の建設は翌年になるが、大坂の私塾を神戸に移すことは可能だった。与えられた知行地に家を建てればよいのである。資金は福井松平家、つまりは春嶽から貰った。

その福井は混乱していた。賓師横井小楠と春嶽の間に亀裂が入り、改革派の藩臣が処分された。自分の居場所がなくなったと判断した小楠は熊本へ帰る。その経緯を見ておかなければならない。福井藩は、京都で大会議を開いて国是を確立するという方針を立てていた。軍隊を伴って上京し、大会議の邪魔を武力で排除する強硬論。藩の存亡を賭けることになるので春嶽が弱気を出して政変となる。

春嶽の変心がはっきりする前、福井藩は近隣諸藩や、遠くても賛成してくれそうな大名家に、協力と参加を求める使者を出した。遠方では肥後と薩摩に送る。肥後藩は慎重だったが、同じ使節団が熊本から鹿児島に移ると、薩摩藩は全面的に同意、島津久光が軍隊を率いて上京することになった。

使者を送り出した後で福井に政変があり更に京都の八・一八が挟まるので、印象が不鮮明になるけれども、久光は春嶽の呼びかけに応じて上京したのだ。久光側近の小松帯刀は、鹿児島まで来た使節団首席の岡部豊後と、連絡を取り続けた。

使節団の中枢メンバーだった三岡八郎（由利《ゆり》公正《きみまさ》）は、福井に帰るとすぐに厳重な処分を受けた。しかし使節団代表の家老岡部豊後は、薩摩藩との連絡窓口なので、処分が翌年まで保留された。久光に先行して上京する小松帯刀との間に書簡の遣り取りがある。岡部は、春嶽は必ず京都に行くけれども、自分は動けないと返事した。

先に久光が上京して春嶽に催促するのも、立場が逆転している。そのことを少くとも当人たちや小松帯刀・岡部豊後は承知していただろう。重臣多数を処分した春嶽はいささか保守化したが、薩英戦争を切抜けた久光は、京都朝廷の攘夷思想を転換させるとの目標を、はっきりと掲げて上京した。知己の大名隠居（土佐高知の）山内容堂にも出て来るよう求めた。

尊攘激派追放後の在京諸藩士には、久光に呼応し将軍の上京を求め、攘夷方針を転換する意見のものが多い。ただし新選組は別で、有志の会合に出て将軍の指揮による挙国一致の攘夷を主張したと、近藤勇の国許宛の手紙にある。これも将軍の上京を求める点では諸藩有志と齟齬しない。新選組を預かっていた京都守護職の会津藩主松平容保は、天皇の攘夷思想に忠実だったので、開国論に転換させようとする島津久光の上京で面喰らい、神戸に私塾を建築中だった勝海舟を呼出して意見を聞いた。守護職が呼ぶと公式のものとなるようで、大坂町奉行が伝達し京都町奉行が宿を用意する。しかし春嶽や容堂と親しい海舟も、これまで附合いがなかった松平容保と意見を交わすのは難しかったようだ。うまく噛合わないことは後に尾を引く。

江戸城本丸焼失

八・一八直後に老中酒井忠績が上京、天皇の攘夷指向が強いことを確認させられたことは前記した。幕府としては、不本意ながら横浜鎖港交渉を継続せざるをえない。

将軍の上京について初めは反対が強く、一橋慶喜を行かせる方針だった。しかし京都にいた海舟が所司代から江戸に戻れとの命令を伝達された（十月二十三日）のは、将軍海路上京が内定したからである。海舟が十月晦日に順動丸で浦賀に入ると、慶喜が蟠龍丸で滞泊中だった。慶喜は順動丸を引渡せと要求し、海舟には御用があるから別船で江戸へ帰れと告げた（慶喜が昔夢会で海舟の順動丸で神戸に運ばれたと語ったためそのように誤解している人が多いが事実はここに書く通り）。江戸へ戻ると将軍が海路で、薩摩・肥前・越前・土佐・筑前・松江などの諸藩の船を率いて上京するので、その指揮を執れとの命令だった。新しい船が要るからと横浜にでかけて物色していると江戸城の本丸が炎上（十一月十五日）。これを理由に将軍上京が中止にならないかと京都では心配した。その議が出なくもなかったが方針変更とまではならない。海舟は、この機会に幕政の中心を大坂城に移せという説で、卓見だと思うのだが、賛同者を得ることはなかった。京都で火事を知った春嶽が両三年だが奥向も移すと着想し慶喜に話したのが十二月二十七日で、期せずして海舟と符節を合せた。しかし慶喜はとても無理だと不賛成（続再夢）。

将軍上京には天皇への手土産が要る。そのため鎖港交渉使節をヨーロッパに派遣することになり、正使に外国奉行池田筑後守長発《ながおき》、副使に同河津伊豆守祐邦《すけくに》が任命された。目付は河田貫之助で、この同行により相模守を称する資格を獲得した。将軍江戸発と鎖港交渉使節の横浜発は時期的にも重なる。

四　参預会議の創設と消滅

朝儀参預

将軍を待つ京都の状況を見て置かなければならない。着京した島津久光の工作で、松平春嶽は、春に無断退京した「不束《ふつつか》」を勅免された。久光の入京は十月三日で、彼に上京を促された春嶽は同十八日の着京だった。伊予宇和島の伊達宗城が十一月三日である。

浦賀で勝海舟に順動丸を譲らせた一橋慶喜は、十一月十二日に兵庫に着いたのだが、直ぐには動きたくない事情があり（公卿の葬儀に列するのが嫌だったとも陸路の従者が着くのを待っていたともいう）大坂城が同二十一日、京都は二十六日だった。あとで移るけれども、このときの最初の宿は東本願寺である。

久光・春嶽・宗城は、京都朝廷を開国開港に切替えさせる方針で一致していた。そのため何か朝議に影響を与えることができる資格を獲得しようと目論む。慶喜の姿勢は明瞭でないけれども、異は唱えなかった。後見職を辞したいという慶喜の思いは大名の隠居たちに伝わっている。そういうことには伊達宗城が特に鋭い。

土佐の山内容堂は文久三年も押詰まった十二月二十八日に入京した。これで幕末四賢侯と称されることになる久光・春嶽・宗城・容堂が揃う。三十一日には久光を除く三人と一橋慶喜とが朝議参預を命ぜられた。朝廷の議事に参預するのである。この方針を推進した久光は遅れて翌年正月十三日に、従四位下少将任官と併せて参預に任命された。久光が参預会議に出席するのは十七日である。その二日前の正月十五日には将軍家茂が京都に着いた。

将軍を乗せると過つ海舟

将軍家茂二度目の上京は海路である。一度目は海路の予定を急に変更して陸路。その帰りが逆に陸をやめて海だったことを前記した。二度目で初めて海路上京が実現した。蒸気艦を持つ大藩に随伴を命じて艦隊を率いる体裁とした。

一回目の帰路は順動丸だった。二回目は艦隊を従える旗艦なので順動丸では不足、新しくイギリスの蒸気船ヤンツー（揚子江号）を購入して「翔鶴丸」と名付けた。

将軍の乗船は文久三年の十二月二十七日だった。二十八日は品川から浦賀まで。二十九日に下田。文久三年の十二月は大の月で晦日は三十日。海舟は日記をつけるとき小の月だと思い込んでいたらしく二十九日の次は元日となる。そのため敬愛する将軍のことばかり書いているのに、家茂の日程が一日欠落する。幸い目付の杉浦正一郎（梅潭）に几帳面な日記があり対照して海舟の欠落や齟齬を確認できた。海舟は細部まで正確に記録するという気質を持たない人で、自筆文書であっても単独では危なくて典拠にできない。

二十九日に将軍は下田に上陸したけれども船に戻った。しかし三十日は出航できず、家茂は大晦日の夜を海善寺に宿泊した（前日は休息しただけ）。それで翌文久四年＝元治元年の元旦を下田で迎えることになり海岸に出て祝砲を聞いた。

文久三年末に横浜鎖港談判使節がフランスの軍艦ル・モンジュ号で横浜を出たことも書いておかなければなるまい。天皇に約束した横浜鎖港を駐日外交官が受付ないので、本国へ使節を派遣することを思いついたことは前記したが、曲折の末にフランスの船で十二月二十九日に横浜を出発した。正副使と目付の他では、外国奉行支配組頭の田辺太一が随行しているのが、あとに関わる人材として重要である。ル・モンジュは長崎には寄らず一月七日（一八六四年二月一四日）に上海に着いた。賜暇を終えて帰任の旅中だった英公使オールコックが上海まで来ると、鎖港談判使節が船を乗換えるために滞在中。オールコックは鎖港談判は無理だと説いたが、使節団は引返すという選択肢を持たない。

元日の夜、下田の将軍家茂は、明日出航の予定で船に戻った。しかし二日、翔鶴丸は遠州灘を突っ切るのを諦めて伊豆半島の西寄り子浦に入った。搭乗指揮官勝海舟の日記は例により当てにならないが、他の確かな記録を総合すると、二日に子浦に入ったのは翔鶴丸だけで、順動丸と朝陽丸は先に行き、他の船は下田に戻った。

将軍は子浦の西林寺で休息したけれども二日夜は翔鶴丸に戻った。三日には出るつもりだった。だが三日は風向きが悪く今日は動かないと決まり、将軍は再上陸して西林寺に宿泊した。下田と同じことを子浦で繰返している感じである。

四日も海舟は慎重で出航しないつもりだったが乗組員の不満が強く将軍の希望もあって今の時間で午前十時に子浦を出た。遠州灘を渡るには早朝に出発するのが常識だったらしいが、将軍は前夜西林寺に宿泊しており、予定外の感じが強い。指揮官海舟の日記は、遅く出るのは間違いだと書きながら、同じ筆で家茂の決断を称賛しており、非常な無理がある。将軍の決断に従った海舟の誤りは明らかで志摩の安乗に着く前に日が暮れ、うしろから嵐が追ってきた。安乗の灯が見えて、みな救われたのである。

安乗の港に入ると、志摩半島添いに夜行しようとの議が起こったので、反対したと海舟は書く。将軍が海舟の意見通りにしようと言ってくれたと、また感激する。何が何でも家茂を称賛するのである。幕末政局を見て行く上で、ここに海舟の非常な弱点があると指摘せざるを得ない。大久保一翁とも松平春嶽とも違う海舟独特のもの。記録の細部が怪しいのも困るが、家茂を褒めるための前後撞着は見苦しい。

遠州灘を突っ切るのに手間取ってバラバラになった船団が、紀州由良で再結集し、大坂の天保山沖に着いたのが正月八日である。遅れた船の到着を待ち、大坂城で態勢を整えた将軍一行が京都に入るのは、前記したように十五日だった。政事総裁職の松平大和守直克や老中水野和泉守忠精は、将軍に先行して京都に入った。

参預と幕府の距離

将軍や閣老は横浜鎖港の方針を堅持している。内心はともかく京都向けの顔はそうなっていた。政事総裁職の松平大和守は、本心も強烈な攘夷論者。京都では幕威回復を主張する者だと認識されていた。松平大和を将軍と同時に滞京させないよう工夫する（早く呼んで先に帰す）という案も出たのだが実現せず、参預の春嶽や宗城らにとって鬱陶《うっとう》しい存在であり続けた。

ここまで春嶽らに同調していたとの感がある一橋慶喜が、立場を鮮明にする必要に迫られた。慶喜は、今回の上京での春嶽や久光や宗城らとの接触で、鎖港攘夷を主張したことはなかった。だが将軍や上京してきた閣老は、表向きは鎖港攘夷で纏まっていた。なにしろ鎖港談判使節がほとんど同時に江戸湾を出たのである。

薩摩の宮廷工作で、天皇の意志表明の方が少し妥協的になった。二十一日に将軍が参内すると、宸翰の勅書に無謀な攘夷は好まずとの文言がある。これは薩摩の起草だと見る研究者が多い。なお家茂はこのとき内大臣から右大臣に昇進した。二十一日の参内は昇進の内旨を受けたことへの御礼でもあった。苛烈だった前年の将軍上京と比べて、今回は融和の空気が少し流れる。はじめ辞退した従一位への昇格も受けることに。

幕府側にこの空気を上手く摑む能力があれば、命脈の下降線を持直すことができたかもしれない。しかし今回京都に来た幕府幹部の内には、それだけの人材がいなかった。また一橋慶喜の言動は、参預となっていた雄藩の実力者たちを敵に廻す。

将軍着京の前、一月九日だが、福井藩家臣の中根雪江と酒井十之丞が一橋慶喜の旅館に行き平岡円四郎・黒川嘉兵衛と面談すると、長州を攻める話が出た。平岡と黒川が語る慶喜の意見は、家茂親征は無理だから幼主だけれども紀州の徳川茂承《もちつぐ》を将軍名代とし、副督（事実上の総督）に会津の容保、守護職の後任に春嶽というのだった。慶喜には将軍後見職を辞めて京都の守衛総督（後に「禁裏守衛総督」として実現）になりたいとの意向があることも打明けられた。

これが九日の朝で、同日の夕方には福井藩邸に一橋慶喜・松平容保・伊達宗城・島津久光が集会した。主人役の松平春嶽には福井藩当主の茂昭が同席。ここでも長州問題が第一の議題で、征長軍には外様大名を加えないと慶喜が発議したが、薩摩は行きたいと言う。慶喜も因幡鳥取と備前岡山の両池田（ともに外様だが慶喜の弟が藩主）は行かせたいという意向だから、実質的には薩摩を含む外様と親藩・譜代の混成部隊案となった。両池田は親長州で攘夷派でもあるのだが、その点がどのように検討されたのかは『続再夢紀事』からも『伊達宗城在京日記』でも読取ることができない。容保が征長副督で、後任の守護職に春嶽という、後で実施に移されるが直ぐに潰れる案を、当人たちがいるなかで纏めたようだ。

この長州問題と、将軍到着後の主要な流れとなる横浜鎖港攘夷問題とは、実は同時進行である。九日の夜に福井藩邸へ集った者は、征長で一致していたが横浜鎖港では分かれる。しかし前者は実行されず、後者は不思議にも纏まった。

公卿にも在京大名にも親長州と反長州がある。風説もさまざま。『続再夢紀事』で見ると十一日に芸州広島の世子松平紀伊守（浅野長勲）が訪れて長州の暴戻《ぼうれい》ますます甚しく比隣みな見るに耐えず、このまま済まされたら幕威は地に堕ちると春嶽に訴えた。世上には芸州藩が長州藩と同論だとの風説があるらしいが、あの暴戻に与《くみ》するものではないと長勲は言う。だから幕府が正面から処置しなければならない。しかし政局は、参預会議あるいは参預諸侯の進退を巡って大きく推移した。

参預となった諸侯の幕府との距離のとりかたは、さまざまである。遠いのは島津久光だが、まだ決定的に反幕府ではない。近いのは春嶽で、二条城の御用部屋に入る資格を持たされた。しかし参預らと幕府の関係は厄介だ。

彼らは武家である。隠居だけれども各藩の実力者で、その領域を支配している。藩領域の支配者としては幕府の統括下にある。しかし朝議参預は幕府の職分ではない。京都朝廷に直属する。

春嶽は、他の参預も二条城の御用部屋に入れようという意見だった。自分はもちろんだが、久光や宗城や容堂も、武家として将軍の統率下にあること、老中と同様だと明確にしたかったのであろう。横井小楠が側に居れば、こういう発想はしなかった。小楠は京都朝廷も幕府も込めて新しい大政権を作るという構想である。春嶽はそれについて行けず（前記したように小楠とは別れ改革派家臣を処分）幕府中心の発想で、それが参預を御用部屋に入れるという提案になる。

春嶽の融和的な方針でも老中は抵抗する。彼らは参預が朝廷に属することに反対だったが、自分たちと同格で（あるいは上位で）御用部屋に入ることにも賛成しない。春嶽には初代の政事総裁職という実績があるのでまだ我慢できるが、久光や宗城までは許せない。ところが参内した将軍が公家側から迫られて承知するという事件が起った。

それは二月十四日のことである。攘夷鎖港の国是決定を命じた宸翰勅書に対する将軍の奉答日。勅諚は一月二十一日と二十七日の二度出ており、どちらも薩摩起草説が強い。夷狄《いてき》は好まないけれども無謀の攘夷はするなと緩和的なところが、天皇の発言としては異色である。

薩摩は、鎖港談判使節が戻って来るまでは幕府としても横浜鎖港を撤回はできないだろうと見て、このくらいの線で国是を纏めるつもりになった。しかしこの勅諚に参預の位置付けが絡み長州問題も加わって慶喜との大喧嘩が発生。

直接の発端は一月二十七日の勅諚の日、将軍に随行した閣老に対し参預諸侯と心を合せて皇運の挽回に努めよと諭され、翌二十八日の二条城で老中水野忠精が松平春嶽に対し不満を述べたことにある。閣老は参預なるものの存在自体に不快感を持つ。春嶽は諸侯を御用部屋に入れるのなら参預は廃止しても良いとまで言ったが閣老側は応答せず、問題の進展はなかった。参預諸侯側でも長州問題について島津久光と山内容堂の意見が食違い、関係が複雑になる日である。参預諸侯は下城して一橋邸へ行ったのだが、対立があるので議論はせず酒宴で終わったようだ。

いろんな問題が燻《くすぶ》り続けながら小の月だった正月が往き二月が来る。二月一日に慶喜と春嶽が二条城で会い、横浜鎖港・長州問題などで意見がぴったりとは一致しなかった。慶喜と閣老の間も纏まらない。ただ『続再夢紀事』という少し間接的になること止むを得ない記録では、慶喜が横浜鎖港に熱心になったかなという印象を受ける。

二月二日は島津久光と伊達宗城が福井藩邸に来て、春嶽と一緒に登城した。久光が閣老を相手に横浜鎖港論は放棄せよと迫る。閣老が抵抗すると久光は、公武一和が成ったのだから幕府が決めれば諸藩は従うと説いた。水野老中が春嶽の意見を尋ねると大隅殿（久光は既に少将だったが大隅守を兼任）に同意だと答えた。しかし閣老は判断を保留し、篤《とく》と考案の上さらに御相談に及ぶべしと拒否姿勢である。

薩摩はこのとき国是を開国開港に転換することを諦めた。四日に小松帯刀が使者として福井藩邸に来て、久光が幕府の横浜鎖港方針を容認する――鎖港談判使節が帰朝するまで待つという趣旨なら構わない――ので春嶽の意向を承りたいとの伝言だった。春嶽は使節帰朝までというところに力点を置いて同意した。小松帯刀は一橋慶喜邸に向かう。

春嶽のところへは山内容堂からも使者が来た。正月二十七日の勅諭を諸侯に見せることに同意したけれども、長州に関する文言が厳しく反発が出る怖れがあるので、公開を見合せる（見せるのは「諸侯」までに留める）のが良いと考えを更《か》えたのである。それに賛成意見となった春嶽は、登城して水野老中にその旨を告げた。閣老初め大小目付まで大いに敬服したという。

最後の甲子改元で「元治」

元来この日に春嶽は、尹宮《いんのみや》と二条関白を訪問する予定だった。昨三日の営中で改元候補の「令徳」について慶喜や閣老から頼まれたのである。四日の春嶽は忙しい。

文久四年は甲子だから改元することに決まっており、新元号の候補が幕府に通知された。「令徳」「天静」「文寛」「政化」「大應」「元治」「寧治」の七つだが、天皇は「令徳」がお気に入り。しかし将軍も希望を述べよというのだった。将軍は「元治」を希望したが、叡慮が強いから、このままでは押切られてしまう。

昨三日の二条城の議論で春嶽は「令徳」でも良いではないかと言ってみたが、慶喜を初め閣老も全員がうつむいて沈黙の抵抗。徳川に命令という意味になる元号を我慢できないのである。止せばよいのに春嶽は知恵を出す。「令徳」は元号に使われた例がないけれども「元治」にはあるから安全だという理屈で押して見ることができるかもしれない。

慶喜以下みな喜んで、春嶽から尹宮や関白に話してくれとの懇願だった。四日の春嶽は二条城から尹宮と関白へ行く。二条関白が再議すると約束してくれて、みなさん御承知の「元治」に決まった。元治改元は二月二十日で、翌二十一日に二条城で幕府側の儀式、江戸での布告は三月一日だった。長崎に伝わるのは三月九日。これが「甲子改元」の最後である。三年前の文久改元は「辛酉改元」の最後となった。

征長纏まらず

二月九日、京都町奉行の永井主水正尚志が大目付に転じた。大目付として滞京を続ける。後任町奉行には禁裏附の小栗下総守政寧《せいねい》が起用された（十五日任命）。九日にはまた、先に長崎行きを命ぜられていた軍艦奉行並の勝麟太郎と目付の能勢金之助に、御暇で拝領物があった。勝は重ねて拝借金五百両とも日記に書く。彼らは長州が封鎖する関門海峡を通れず、九州を陸路横断しなければならない。

その長州対策で征長軍の部署が内定したのは二月十一日である。閣僚と参預大名らが合意した。松平容保は京都守護職を免じられて、征長副将含みの陸軍総裁職となった。守護職の後任候補は松平春嶽だけれども、福井の家臣たちが反対で纏まっており、この日は何も発表されず。家臣たちは参預諸侯が老中よりも上位で国事を議する制度を創設することが先決で、そうやって幕府の執行能力を強化しなければ征長も何も不可能という意見である。同意した春嶽は、参預大名を重用する意見書を起草して将軍家茂に手渡すことになった。

春嶽はそのつもりで用意した。しかし一橋慶喜に、将軍直接ではなく政事総裁職にと言われたので、十三日の登城に際して松平大和守直克に手渡す。同日、春嶽は御所に呼ばれて参内すると他の参預と共に天前に召し出され、長州征伐について成算はあるかとの下問だった。館林藩士に長州へ入説する意志を持つものがあるがと、その可否についても訊ねられ、春嶽と島津久光が、その者かぎりの周旋なら構わないが幕府は関与しないと答えた。天皇の方が長州に融和的と感じられる。

ここまで進んだところで十四日の将軍参内がある。この日、将軍は一月二十七日の宸翰勅書に対する請書を提出した。「妄挙」するなとの天皇の戒めを守り「何分にも成功仕度奉存候得とも夷状も測り難く」と、歯切れが悪い。横浜鎖港を断行するとの気概が溢れる文言ではなかった。これについて旧著『徳川慶喜』（中公新書・一九七五年、一九九七年に増補したが改訂はしていない）で慶喜の意図として「不満なら一度クレームをつけてみてくれ、というわけである」と書いた。果して翌日、慶喜や参預大名は御所へ呼出される。

ただし請書は慶喜単独で考えたわけではなく事前に参預大名に見せて意見を求めた。九日に一橋邸に使いした中根雪江が二十一日の宸翰勅諭と二十七日との違いを述べて請書に混乱があると指摘すると、修正案を示せと言われた。『続再夢紀事』によると中根雪江はその場で修正案を書いたようだ。それが「妄挙仕間敷叡慮」で、そのまま請書に使われた。これは叡慮の文言についての原案の勘違い（二十一日のは「無謀之攘夷」で二十七日が「妄挙」）を正したのであって、全体の文意が変わったわけではない。要するに無理な攘夷をするなという天皇の意見に将軍が喜んで従ったのである。

十五日、参預が御所に召集された。簾前朝議である。果して前日の将軍請書は不徹底だとの不満で、尹宮から書面を渡されたのを見ると、横浜鎖港は急速に実現せよとある。

慶喜は思惑どおりだったかもしれないが春嶽・久光・宗城は心外だった。彼らは出来ないことを承知で暫く横浜鎖港の方針を掲げておくことに同意したのだから、急げという催促に応えることはできない。鎖港など出来はしないと改めて強調する破目に陥った。当然、天皇は不満である。慶喜は、ここに裂け目を作るのが狙いだから、内心は喜んだのではないか。

春嶽・久光・宗城は、しばらく黙っているつもりの本心を吐露することになり、それが慶喜の思うツボである。旧著では批評を控えたが慶喜はタチが悪い。天皇の信頼を参預諸侯から引き離すことに成功した。

十六日、久光と宗城、更に山内容堂が二条城に行くと、三人は御用部屋に出るよう申渡された。幕政に参加せよと言うわけである。十四日の参内で将軍が約束し、その前も後も春嶽が強く求めていたこと（小楠が側に居れば反対と前記）が果たされたのである。慶喜・春嶽も加わった席で酒が出て将軍が酌をした。その席で（将軍は去った後だろうが）久光が妙なことを言いだした。今朝、尹宮が薩摩藩士の高崎猪太郎を呼び、昨日の話はなかったことにしようと伝えたというのである。横浜鎖港を強く求めたのを取消したわけだ。久光と宗城は、これから尹宮のところへ確かめに行くと言う。

慶喜暴言、去った後は談笑

慶喜が自分も行くと言い、春嶽も同行した。尹宮のところでも酒が出た。尹宮朝彦親王の説明は曖昧で、慶喜が酒に酔って暴言した。これは慶喜の話を聞いた原市之進の手紙（美濃部又五郎宛十八日付）に詳しく、「御一命頂戴、私も屠腹の決心」とか「此三人は天下之大愚物、天下之大奸物に御座候所、如何して宮は御信用被遊候哉」。台所援助が理由で久光に従っているのなら「明日よりは私より御台所可指上候間私へ御随従可被成」等々と聞き苦しい言葉を連ねたようだ。晩年の慶喜は朝彦親王邸での罵詈雑言を認めながら、原の書簡は「甚だしく修飾に過ぎたり」（『昔夢会筆記』）と割引いているけれども、いま引用した直接話法のところは、その通りだったのではあるまいか。原が創作することはできない。

春嶽が慶喜の家臣に命じて酔った主人を連れ去らせた。去り際に慶喜は、横浜鎖港を実行するという書面を明日提出すると言い残した。慶喜が去った後のことは『続再夢紀事』と『伊達宗城在京日記』とが共に詳しい。当人が直接書いている宗城の日記が特に面白い。旧著は『徳川慶喜』なので慶喜が去った後のことは略したが、いまは必要だ。三人と朝彦親王は、前日からの齟齬を語りあい「大笑」している。もともと気が合った仲なのである。横浜鎖港ができはしないことも解っている。それなのに昨日尹宮が強く言ったので朝廷に「狐がついた」かと思い、鎖港不可と強く主張する羽目になったと「大笑」できる。彼らの間での食違いは解消した（慶喜は違うと念のため）。

天皇は幕府を信頼

この慶喜が去ったあとの遣り取りで、十五日に宗城と久光が特に強く鎖港反対を言い、それが天皇との関係で慶喜や幕府に有利になったのだなと腑に落ちる。幕府は横浜鎖港を強く約束すれば庶政委任を獲得できた。参預会議を潰すことができる。大局的に見て幕府の存続可能性に益するのか、それは疑問だが、いま京都に来ている閣僚にとっては、幕府（徳川将軍）だけが天皇の信頼を繋ぎとめたという感触が必要だった。

酔った慶喜が去り際に言い残した横浜鎖港を約束する書面は、少し手間取ったが、十八日には出来上り、「臣 家茂」名で十九日に朝廷へ差出された。天皇は満足した。

参預諸侯では、まず山内容堂が辞職し二月二十八日京都発で帰国の途についた。松平春嶽が薩摩の高崎猪太郎を呼んで、島津久光の帰国意志を確認したのは、二月二十四日と、実に早い段階だった。高崎に直接会って話を聞いた中根雪江は、幕府や一橋慶喜に失望しているのは福井藩も同じだと応じた。

参預会議解消の手順を述べて置くと、慶喜から伊達宗城に辞任の相談があったのは三月九日である。宗城は「別慮」なしと答えた。それで慶喜から関白や尹宮に申入れた（『伊達宗城在京日記』）。参預罷免の公式通知があったのは十三日。これは『続再夢紀事』にも出る。参預会議は完全に消滅した。

春嶽には、既に任命されてしまった京都守護職を辞任するという仕事がある。これに一橋慶喜の「守衛総督」が絡む。春嶽が尹宮朝彦親王に呼ばれて、総裁閣老が慶喜を「守衛総督」にと内願していると聞かされたのは三月十二日。翌十三日、つまり参預を罷免された日、福井藩邸では在京の要職が会して春嶽の進退を議した。守護職を辞して帰国することに決し、辞める口実を探す。『日本貿易新聞』に春嶽に関する誤報が出ているのが江戸屋敷から届いたので、これを利用すると決めた。春嶽が開港貿易を主張する建白書なるものが、新聞に出たのである。「横浜鎖港」が国是となったときにかかるものが出ては朝議に反するという口実となる。中根雪江ら家臣が一橋慶喜家臣や松平直克家臣を相手に春嶽辞任の交渉を開始。総裁職直克の家臣は、向うから春嶽は辞めるべきだと言ってきた。

春嶽当人の辞表は三月二十一日で、酒井雅楽頭に差出した。酒井は東下する有馬遠江守道純（越前丸岡藩）から月番を引継いでいた。二十三日には政事総裁職と老中が連署した一橋慶喜を禁裏守衛総督に任ぜられたいとの願書が関白に提出された。日が混み合ってくる。春嶽には慶喜総督の下での守護職など我慢ならないのだが、幸いなことに辞める手続が先行。

元参預ら離京

慶喜は三月二十五日、将軍後見職を罷免され「禁裏守衛総督・摂海防禦指揮」に任命された。書面は朝廷から出て、月番老中がそれを慶喜に「演達」した（『水野忠精幕末老中日記』）。慶喜はその後で将軍に挨拶している。将軍が任命したのでも演達したのでもない。

この日、二条城に行った伊達宗城は、慶喜当人を問詰めて、実は自分の希望だと白状させた。次いで老中水野に会って慶喜の深意は咽喉の地を押さえて天下に号令することにあるのではないかと警告した。水戸・岡山・鳥取の兄弟と提携して長州を呼入れることもありうると脅した。水野は愕然としたようだ。こういうことができるのが伊達宗城の面白いところである。彼の日記は癖がきつく前後錯綜してもおり、時々違う解釈の研究者があるのを見かけるけれども、いま一々の指摘はしない。

伊達が少しくらい揶《から》揄《か》っても在京幕府幹部の姿勢は変わらない。慶喜の処遇は彼らが願ったことである。『杉浦梅潭目付日記』で見ると四月五日に二条城で、慶喜が持参した書付をもとに評議があり、京都から諸侯を排して幕府中心で固める案が決まった。近日朝廷へ差出すことになる。関連して辞職願提出済だった松平春嶽の京都守護職罷免が決まった。四月から月番老中となった水野和泉守が七日に名代へ申渡した。松平肥後守の軍事総裁罷免と守護職再任も水野が名代に申渡したのだが、こちらは容保が抵抗して少し手間取る。春嶽は福井に帰ることになるが、伊達宗城の方が養父病気で先に離京した。

幕府の京都支配体制では所司代の交替も記述して置かなければならないだろう。四月十一日、所司代稲葉長門守正邦《まさくに》を老中に任じて美濃守と改称させた。所司代の後任は桑名藩主の松平越中守定敬《さだあき》。尾張の支藩美濃高須松平家から桑名松平へ養子に来た。高須から尾張本家へ養子に行った慶恕（義勝）や茂徳、会津松平へ養子に行った容保の弟である（明治期の四人兄弟の写真が残る）。桑名松平も家格は高く、所司代定敬が大政奉還のとき老中板倉伊賀守より上席だったことを後述する。

四月十八日島津久光が、翌十九日松平春嶽が、京都を発して帰藩の途に就いた。邪魔ものがいなくなった京都で二十日、閣老が参内して関白らと内談した。ここで政務を幕府に委任するとの勅が示された。幕府に期待する項目のトップが横浜鎖港である。これに将軍が奉答すれば、今年の上京は完結する。横浜だけはおかしい、三港閉鎖だという議論が出て少し混乱したが、二十九日に将軍が参内し庶政委任の勅に奉答書を提出。次いで五月二日は御暇参内である。

見廻役と見廻組

御暇参内では、将軍帰府後の京都体制についても注文が出た。諸藩の力を借りるのはやめて幕府だけで守護しなければならない。関連して日が前後するが四月二十六日、幕府は京都見廻役を新設し備中浅尾藩主蒔田《まいた》相模守広孝《ひろたか》（一万石）と交代寄合松平備中守康正を任命、麾下《きか》士各二百人を率いさせた。見廻役が見廻組を率いるのだ。見廻役の格は大番頭の次である。見廻組は場所高七十俵で席は御普請役元締の次、御譜代場と定められた。これは江戸で発令された。見廻組がなかなか集らないので幕府は苦心する。

やはり日が前後するが長崎に派遣された勝海舟が戻って来たことにも触れておかなければなる

まい。海舟は外国艦隊の長州攻撃を阻止するために派遣された。命令は参預会議が壊滅するより前だけれども戻って来たのは四月十四日である。

英仏の艦隊は横浜に集結しているのだから長崎は方角違いだが、対馬に行くという任務も帯びていたらしい。以酊庵（対馬の幕府機関）を使えという指示が長崎に届いたと日記に記す。この対馬行き命令は取消されたと、やはり日記に出る。

長崎行きは、関門海峡が封鎖されているので、豊後佐賀関まで船、そこから陸路で鶴崎—熊本の九州横断だったことは前記した。たまたまオランダ総領事ポルスブルックが横浜から長崎に来るのと日が合い、〝日本側で関門海峡封鎖を解除するなど条約に反する不都合を打開するなら二カ月待つ〟という約束を取付けた。しかし戻って見ると参預会議は崩壊し京都朝廷と幕府が攘夷鎖港で一致していたのだから話にならない。

海舟の報告を受けた京都の幕府幹部は、同行の目付能勢金之助を江戸へ急行させただけで何もしなかった。江戸も何もしない。長州対策はうやむやとなり、将軍が天皇に横浜鎖港を約束したという事実が、駐日外交官や艦隊司令官に強く印象づけられた。

幕府に呼ばれて佐久間象山《しようざん》が京都に来ていたことにも触れておかなければなるまい。京都着は三月二十九日である。「海陸御備掛手附御雇」なるものに任ぜられた。「禁裏守衛総督・摂海防禦指揮」の一橋慶喜に面会して時務策を献じたのは四月十二日である。長崎から戻った海舟が年長の妹聟《いもうとむこ》象山を訪ねたのは四月二十日だった。海舟は京都の状況に絶望的だが、象山は野心に満ちていた。

御暇参内を済ませた将軍家茂は、五月七日に二条城を発して伏見から水路、即日大坂城に着いた。海舟は、横浜鎖港を天皇に約束した将軍家茂を、翔鶴丸に乗せて江戸へ送る羽目になる。随行する蒸気艦や帆船は往路と同じだが、薩摩の船は消えていた。大坂発は五月十六日、その前の十四日に海舟は正規の軍艦奉行に昇進し安房守を称する。同日、大坂船手が廃止、神戸海軍操練所に統合された。

京都の佐久間象山が福井に帰った中根雪江に宛てた書簡がある。将軍滞京中に長州問題を解決しようと努力したのに、東帰されてしまい（五月十六日大坂発）残念だと書いている。このとき在京の武家有力者は長州征伐で一致していたのに実行されず、横浜鎖港で不一致露呈し参預会議解体となることを前記した。象山は横浜鎖港など全く問題とせず、関門海峡を封鎖して条約違反を生じさせている長州を撃つことに熱心だった。松平春嶽家臣の中根雪江と気が合ったようで何度も面会し手紙の遣り取りもある。五月二十日付で福井へ送った長文の書簡のことは横浜市歴史博物館『佐久間象山と横浜』（二〇一一年）収録の図版で知った。文中に木屋町に転居し環境に優れることが述べてあるが、象山は七月十一日に馬でこの家に帰って来たところを襲われ斬られて死んだ。

将軍搭乗の船を指揮して江戸に戻った海舟は、横浜に出張しポルスブルックに会い嗤われた。二カ月待つと約束したことが何の役にも立たなかったのだ。正規の軍艦奉行となり安房守を称することになったのが嬉しかっただろうか？　ともかくここから「勝安房」、それまでは麟太郎である。諱《いみな》は義邦《よしくに》。

第四章

家茂親政

一　老中阿部豊後

池田屋事件

水野忠精は暫く京都に残ったので、江戸の閣老の中心は板倉勝静である。政事総裁職の松平直克は将軍に先行して帰府し、横浜鎖港の責任者なのだが、何もできてはいなかった。ところが将軍帰府後、改めて横浜鎖港を委任されると、六月三日に登城して家茂に謁し、自分に協力的でない有司を名指して処罰・罷免することを要求した。『杉浦梅潭目付日記』が記録するところでは、松平大和が挙げたのは老中の板倉周防守勝静と酒井雅楽頭忠績、若年寄では諏訪因幡守忠誠《ただまさ》と松平縫殿頭乗謨《のりかた》、大目付の大久保豊後守忠恕《ただざと》、勘定奉行の木村甲斐守勝教《かつのり》、外国奉行の菊池伊予守隆吉、目付では星野金吾と杉浦兵庫頭すなわち杉浦梅潭自身も入っていた。

六月二日に横浜から戻って三日に登城した勝安房は、今朝松平大和が将軍に談判したとの話を聞かされた。勝安房は閣老らを相手に鎖港してはならないと論じた。鎖港するくらいならむしろ一戦せよと言うのが彼の癖で、攘夷論者だと指摘する人もあるが、解っていないのだと前記した。

松平大和に名指された人々は、翌日から出勤しない。休んでいる杉浦兵庫頭のところへ目付の川村順一郎が来て城の様子を伝えた。水戸の徳川慶篤が登城して松平大和の専断を怒ったとのことである。これに対しては大和も低姿勢。慶篤も鎖港論者で将軍不在中の城を代表していたこともあり、喧嘩したくない相手だった。四日の松平大和は慶篤に頭を下げて翌日から登城をやめたようだが、三日の主張を引っ込めはしない。

五日に登城した杉浦兵庫は、老中井上河内守正直《まさなお》（大和に名指されておらず出ていた）を相手に、松平大和の説が京都に先着すると困るので急ぎ勝安房を上京させよと論じた。しかし井上河内には決断できない。ところが安房が城中で鎖港不可を説いた後で、休んでいた板倉周防守の邸に行くと、上京の準備をしておけという内意が伝えられた。杉浦の案と繋がっていたのか。ただし杉浦が板倉に安房上京を提案することが確認できるのは六日だが。

この日すなわち六月五日、京都で池田屋事件が起きる。むろん江戸では誰も知らない。天狗党が六日に、下野足利藩主戸田忠行の陣屋に放火し、栃木の町を焼いたことの方が大事件だった。

池田屋事件のとき京都にいた老中水野和泉守忠精は十一日品川着の順動丸で帰府し、十三日に登営した。入れ違いで勝安房は十二日に長崎丸で出帆するのだがシリンダーの故障で下田に入港し、江戸から替りの船が来るのを待つ破目になった。乗換え用の翔鶴丸と、故障した長崎丸を曳くための黒龍丸とが来たのは十七日で、この両船と共に坂本龍馬も現われた。京都発で陸路東下したと思われる龍馬は池田屋事件を知らない。そのためここで龍馬の話を聞いた勝海舟も池田屋事件を知らないまま翔鶴丸で上坂した。龍馬は江戸へ引返す。ここは海舟日記の誤読に発し変な話が横行していたのだが、正確に読んだ上での海舟龍馬対面を何度も書いたので、今では大方の認識も右のように定まっていると思う。

帰府した水野老中は本当に中暑か、そう称したのか不明だが、十三日に登営した後も休み続け、十六日に不調を押して出たが翌日からまた欠勤である。

阿部豊後登場

水野が休んでいる十八日に、老中の板倉周防守勝静と酒井雅楽頭忠績、若年寄の諏訪因幡守忠誠と大給《おぎゅう》乗謨（松平縫殿頭）、寺社奉行の松平摂津守忠恕らが罷免された。その前日に大目付の大久保忠恕と菊池隆吉、目付の杉浦兵庫と星野金吾が免職。大政変だった。

ところが二十二日になると、政事総裁職の松平大和守直克が免ぜられた。更に翌日、側衆の跡部伊賀守良弼《よしすけ》と土岐下野守朝昌《ともまさ》が罷免である。木村喜毅は日記に「跡部土岐両宦官《かんがん》御免」と激しく書き「沢左近小田又同前」と続ける。外国奉行沢左近将監幸良《こうりょう》と勘定吟味役小田又蔵も松平直克派。木村喜毅はそう見なしていた。

同二十四日、白河藩主の阿部越前守正外を老中に任じた。既に大和罷免の二十二日に正外を奏者番兼寺社奉行に補してあった。老中にする用意である。老中になると越前守を豊後守と改めた。文久三年町奉行の時は攘夷に反対して将軍に辞職を勧告した硬骨漢である。その前、生麦事件のときは神奈川奉行で、島津久光の行列に箱根を越えさせまいとして老中を慌てさせた。この越前改め阿部豊後が、新しい勢力の中心となる。

関連する人事を少し見ておこう。六月二十九日、若年寄を十日余前に罷免されたばかりの諏訪因幡守忠誠が、老中格に昇進復活した。大給乗謨（松平縫殿頭）は昇進しなかったけれども若年寄に復した。二十九日には学問所頭取の栗本瀬兵衛（鯤《こん》のちの鋤雲《じょうん》）を目付とし、安芸守を称させる。勘定組頭の小野友五郎を勘定吟味役としたことも要注意だ。

将軍家茂は七月一日、仮住いの田安御殿から新築成った西丸に移る。翌二日、側衆の竹本隼人正明が側用取次に抜擢された。家茂が直に五百石加増を申渡している。

七月七日に松前藩主の松前伊豆守崇広《たかひろ》を老中格に任じ「海陸軍総奉行」を命じたのは重要な人事である。松前伊豆は十一月に正規の老中に昇進し、阿部豊後と一緒に行動することが多くなる。

兵馬倥偬《こうそう》の秋

元治元年七月（旧暦では初秋）は戦争が続く。常陸《ひたち》・下野《しもつけ》（「常野《じょうや》」と略称される、今の茨城県と栃木県）で天狗党と討伐軍との勝敗変転。幕府は水戸藩だけでは鎮定の見込みがないと見て近隣の大名を動員し、若年寄の田沼玄蕃頭意尊《おきたか》に常野追討軍総括を命じた。

同じ七月、京都では禁門の戦争（蛤御門の変）があった。攻込んだ長州軍と清側義軍《せいそくぎぐん》（真木和泉を首領とする隊の自称）は敗退し、京都の街が焼けた。天皇は怒り、禁裏守衛総督の一橋慶喜に長州征伐を命じた。しかし江戸は慶喜の征長軍指揮を許さない。

その幕府は、英仏蘭米の艦隊が長州めがけて戦争に出かけるのを引止めることができなかった。

七月には阻止する努力を完全に放棄していた。出かけた艦隊に引返すよう求めたのは八月八日だが、もう遅い。下関戦争は終わっていた。

幕府が八月八日にもなってオールコックら外交代表に艦隊を引戻せと要請したのは、自分たちで長州を討つと決めたのである。この時点では将軍親征のつもりだった。慶喜にやらせず江戸が部署するとの方針だけは強固だったが、家茂の親征は長く気を持たせた末にとりやめとなる。元治元年秋から冬の将軍家茂は、掛声ばかりで戦争には行かなかった。上京もしなかった。それには下関の戦争で長州が英仏蘭米の軍隊に完敗降伏したことも絡む。この戦争も元治元年の秋だった（襲撃開始が和暦仲秋八月五日で八日には和議）。

長州に勝利した四カ国の外交官たちが江戸で老中ら幕府要人と会ったのは、九月六日と七日の両日である。場所は老中牧野備前守忠恭《ただゆき》の邸。幕府は貿易に対し勝手に設けていた制限を全て撤廃すると約束させられた。長州に課せられた賠償金も幕府が支払う。「横浜鎖港」は交渉事項でもなく完全に消えた。念を押しておくと旧暦九月は晩秋である。

この席に老中阿部豊後守正外は居なかった。海路上京の途に就き九月七日大坂着である。入京は十二日。

勝海舟・西郷隆盛初会談と阿部豊後評価

老中阿部豊後の上京は、実は二度目である。最初のは七月だった。京都不穏だから天気奉伺

（天皇の御機嫌伺い）との命令を受けたのは、禁門の戦争より前。しかし順動丸で大坂に着いたのは七月二十五日で、長州を討てとの勅命が慶喜に下されたより後になった。なんとも間が悪く、剛腕の阿部豊後にも独自の手は打てない。

改めて再度の海路で大坂に着いた阿部豊後は、九月の九日と十一日に勝安房と会った。十一日は有名な勝と西郷隆盛の会見の日である。勝はその前に阿部の旅館を訪れた。七月にも会っているのだが、海舟日記に特段の感想は記されていない。しかし九月の面談で海舟は阿部豊後が好きになった。西郷らに向けて大いに阿部老中を推奨した。

このときの勝・西郷会談の主題は、摂海（大阪湾）に来る夷狄の艦隊への対策だった。実は翌年（元治二年＝慶応元年）になるのだが、海舟が西郷に会ったときにはすぐにも来ると思われており、その対策が第一議題、長州征伐のことは第二議題である。第二を先に述べると西郷は越前福井藩の堤五市郎と青山小三郎を伴っており、この両人は藩主松平越前守茂昭の海舟宛書簡を持参した。茂昭は征長副総督に任命されて京都に出て来たのだが、総督が決まっておらず在京幕府有司の説明も明快でなく不安、海舟に助けを求めたのである。海舟の返書のことは直ぐ後で述べる。この会談の前まで西郷は、征長に熱心で攻め滅ぼすつもりだった。海舟と話して融和派に転じたのは、第一議題に関連する。

夷狄の艦隊が摂海に来ても、朝廷や在京在坂の幕府要人には対応能力がない。海舟の意見は「明賢の諸侯四五人も御会盟に相成」つまり雄藩が連携して、夷狄艦隊を打破るだけの実力を以て筋道を立てた談判の上で条約を結ぼうというのである。この雄藩連携を西郷が大久保利通宛書簡で「共和政治」と表現した。大久保宛に西郷は「共和政治」をやり通す決意を述べる。潰すつもりだった長州を生かしておいて「共和政治」に加える気になったのではないか。

海舟は西郷らとの会談で将軍呼出しに江戸へ行くことを断ったが、滞坂中の老中阿部豊後のことは大いに褒めたようだ。十二日付の松平茂昭宛返書でも、今日上京する筈の阿部について、この人は「覚悟」ありと推奨した。それで上京した阿部に福井藩や薩摩藩が接触する。しかし阿部は「共和政治」を歯牙にも掛けなかった。幕府単独でやるつもりである。逆にこの接触で、海舟の考え方が阿部に伝わってしまった。おそらく海舟は、大坂で阿部には、西郷らに語ったようなことを言わなかったのであろう。

阿部は参内して横浜鎖港猶予の勅諚を獲得した。攘夷不能、横浜鎖港も押通せずと天皇に告げた最初の幕府人である。天皇は征長を急ぐことと引き換えに攘夷を我慢した。諦めたわけではない。

海舟は下坂した阿部にまた会い、天皇に攘夷不能と明言したことを褒めた。敬愛する将軍家茂も、この点では全くダメだったが、阿部豊後が初めて言ってくれたのである。阿倍の方では海舟の思想に警戒心を抱いていた筈だが、話題とはならなかった。阿部は京都で福井藩士を相手に幕府は到底永くは保たないと言ったらしい。それが海舟に伝わっていたかは判然としない。阿部が帰府した後で海舟に対する召還命令が発せられた。陸路帰府した海舟は、月番だった阿部に挨拶するが、罷免のときは名代を立てた。召還罷免に阿部豊後が関与したことは間違いない。しかし海舟が阿部を恨んだという記録文書や談話の類は管見の限り皆無である。

二　第一次征長戦争

開戦せず

将軍の進発、表向きは出る構え。しかし征長総督に任命された尾張の隠居徳川慶勝が京都へ着き、副将の松平茂昭と共に下坂、大坂城で軍議を開く。京都にいた西郷隆盛も下坂した。その西郷が京都に残った小松帯刀に十月二十五日付で報じた書面が興味深い。徳川慶勝は西郷を宿所に呼び脇差を与えて、戦争の始末を任せる意志を示したというのである。西郷は心得て総督麾下の大軍とは別に岩国まで行き、毛利の支族吉川監物《きつかわけんもつ》と、長州本藩の降伏条件を打合せた。三家老の切腹と四参謀の斬首が決まる。家老の首が広島に届き、総督側がこれを確認すると、戦闘開始は延期と布告された。

そんなことは全く知らない江戸では、開戦次第に将軍が進発すると喚いていたが、征長総督の方は解兵帰休の方針である。小倉に廻った西郷らの努力で他の降伏条件も実行されるとの見通しが立つと、総督徳川慶勝自身が、翌年（元治二＝慶応元年）正月早々に広島を引き払った。江戸が許さなくても頓着しない。不満の江戸は改めて将軍親征による長州再征に踏み切るのだが、その前に元治元年のうちに見ておくべきことがまだまだ残っている。

神戸海軍操練所廃止

八月十三日に寄合から勘定奉行に復した小栗上野介忠順が、十二月十八日には軍艦奉行に転じた。後の方の人事は『水野忠精幕末老中日記』に「勝安房守跡」と明記してある。このとき軍艦奉行は一人もいなかった。奉行並が二人いただけである。それにしても勘定奉行として多忙を極めていた小栗を海軍に移すのは異様である。

小栗が勘定奉行に復していた時期（元治元年九月～十一月）に、横須賀造船所の話が始まる。これについて栗本鋤雲『匏菴《ほうあん》遺稿』の「横須賀造船所経営の事」が使われることが多かったのだが、論文「猶ほ土蔵附売家の栄誉を残す可し――横須賀製鉄所の創立について」（安達弘之『海事史研究』六十四号、二〇〇七年）が出て認識が改まった。有名な「猶ほ土蔵附売家の栄誉を残す可し」は、小栗忠順を悼んだ栗本鋤雲の創作で、開始の手順についても『匏菴遺稿』に記憶の誤りが多いというのである。そういう問題に要注意だが、話がこの時期に始まったことは間違いなく、小栗上野介は企画の中心、小野友五郎も加わっていた。

親幕府で知られることになる仏公使ロッシュの着任は、この年の三月である。下関攻撃が挟まるので直ぐにとは行かなかったが、十一月には幕府がフランスに製鉄所（造船所）設立を依頼する姿勢となる。

栗本瀬兵衛鯤（後の鋤雲）は、この話のとき目付。彼は文久三年十二月二十四日、御直に（将軍から直接に）学問所頭取に任命され、翌日は「布衣」と『水野忠精幕末老中日記』に出る。江戸にいたことは間違いない。その学問所頭取から目付に転じたのは元治元年の六月だった。七月に鎖港交渉で横浜に赴いたとき、ロッシュの下にいたカションと再会する。カションとは栗本が箱館に勤務していたときに知合った。細かいところで記憶違いの多い『匏菴遺稿』にはカションとの再会について異る月の記述があるけれども、ともかく横浜鎖港交渉のときだった。そのあとで栗本は前記した阿部豊後守正外の上京に随行する。天皇から長州征伐優先・鎖港猶予の了解を取付け、帰府してから横須賀造船所の話という順序となる。

ところで軍艦奉行に転じた小栗上野介だが、これが何をしたのか判然としない。間違いなく名前が出るのは、翌年（元治二＝慶応元年）三月十二日付で神戸海軍操練所（摂州神戸村御軍艦所）廃止を現地にいる佐藤与之助らに伝えた文書である。九日に老中水野和泉守から下げられた操練所廃止の達を写した上で、右の旨を心得よというものだ。奉行並の石野民部則常《のりつね》と木下謹吾（木下は二月二日に正規、ただし横浜出張中で印なし）の次に正規の奉行だった小栗上野介が署名捺印している（『政養佐藤与之助資料集』顕彰会・一九七五年）。しかし小栗は三月二十一日には罷免された。神戸の操練所を廃止することだけが仕事だった感じである。

それと対照的と言うのは少し苦しいが、同年同月、横浜のフランス語学校が始まった。二月栗又一」がある。

（日を欠く）で『陸軍歴史』が書出した「仏語伝習」生徒候補に「軍艦奉行小栗上野養子惣領小

天狗党降伏

小栗上野介忠順が軍艦奉行だった三カ月余（元治元年十二月十八日から翌年の三月二十一日まで）のうちに、方々で局面の進展があった。幕府は正月十五日にもなって将軍の進発はないと公布した。長州の処置を江戸で行うというのである。

京都では凱旋してきた徳川慶勝と守護職の松平容保が対立した。容保は、将軍の上京が必要だという議論である。しかし慶勝は長州問題を自分が片附けたのだから将軍が来ること不要だと頑張った。京都朝廷が慶勝の措置を嘉納するのは後で述べる。

禁裏守衛総督の一橋慶喜が天狗党を阻止するため近江に出陣したことも無視できない。京都を目指していた天狗党は、直進は無理と見て美濃から越前へと北上し、若狭敦賀へ行く木ノ芽峠を越えたところで力尽きて降伏（元治元年十二月）。慶喜はそれを確認した上で帰京した。

関東からずっと天狗党を追い続けて来た若年寄の田沼玄蕃頭意尊が翌年正月に入京し慶喜と面談、降伏した面々の処置を一任された。敦賀で武田耕雲斎《こううんさい》・山国兵部ら三百人余が斬られたのは二月上旬から中旬にかけてである。斬り手を彦根藩と小浜藩から出させたが福井藩は拒絶。志を持って行動して来た旧水戸藩士たちのほとんど全員を斬ったのは不評で幕府の存続力をここでも弱めた。

木村喜毅が軍艦奉行辞任（文久三年）後、開成所頭取を経て二度目の目付を務めていたときの元治二年＝慶応元年一月、老中松前伊豆守崇広が江戸へ戻るのを阻止するため徹夜で走ったという事件がある。大磯で会ったが帰府をやめさせることはできず（当然のことだ）また走って不可能だったと復命するしかなかった。帰府した松前伊豆は登城しない。しばらく自邸にひきこもり続けた。

木村の疾走説得を受付けなかった松前伊豆は、前年の元治元年十一月に老中格から正規の老中に昇進し、若年寄の立花出雲守種恭《たねゆき》と共に、将軍に先発して長州に行けと命令された。しかし長州征伐軍の様子が江戸での見込みと違ってきたため、これは変更となり、松前伊豆は十二月十五日に入京。立花出雲は同二十二日。

京都では将軍の上京を求める意見が強いのだが、江戸の閣老は西上させないことでほぼ纏まっていた。しかし松前伊豆帰府阻止に目付を走らせるのは常軌を逸しているのではないか。木村喜毅の日記に突然出るだけで詳細は解らない。若年寄の立花出雲は少し遅れて海路帰府、ごく普通に出勤した。

赤ヅラ白ヅラ

江戸では改めて老中松平伯耆守（本荘宗秀）と阿部豊後守正外とを京都へ送った。本荘は二月五日、阿部は同七日、それぞれ兵を率いて入京した。七日の『朝彦親王日記』には「伯耆守赤ツラ豊後守白ツラにて周旋」と出る。本荘が悪役、阿部が宥め役というわけである。後年の慶喜も、彼らはそういう役割分担だったと記憶していた。豊後は馬が好き、自分も好きだから、馬の話ばかりしたと回想する（『昔夢会筆記』第十）。

両老中の参内は手間取り、二月二十二日に漸く実現。関白から上京目的を詰問された。阿部豊後は逆わず、将軍を上京させるため江戸へ戻ることになった。赤ヅラ役の本荘は少し抵抗したが、摂海警備を命じられ連れて来た軍隊を率いて大坂に下る。

本荘と阿部が去ったあとの二十七日、征長総督の徳川慶勝と副将の松平茂昭が参内して天盃を賜った。長州に対する慶勝の措置が承認されたのである。ところが江戸では、長州藩主父子を江戸へ呼ぶために大目付・目付を追加で広島に派遣することが決まっていた。

京都朝廷は三月二日、長州藩主父子や五卿を江戸に呼ぶことをやめよと幕府に命じた。長州では内戦が終わり第一次征長に屈伏した藩政府は壊滅、外からの圧力に抵抗するつもりの政権が成立しかけていたのだが、その正確な状況は朝廷も幕府も知らない。

京都から将軍の上京あるいは上坂を求める声が相次ぐので、江戸でも反応せざるを得ない。しかし上京表明は保留気味。この辺りの史料の読みは研究者により差があるのだが、三月半ばでは保留の方が強い。何人かが重視する『七年史』はあてにならない。日程的に無理な書状往復や、日に不審のある布達が使われている。再任目付の木村喜毅が保留と受止めている感覚を敬重したい。

将軍上京について混乱気味の江戸では徳川家康二百五十年祭の準備が進められている。勅会は四月十七日である。老中水野和泉守忠精の日光詰めきりが早く決まった。『水野忠精幕末老中日記』は政治的な記述が乏しくて困るのだが、東照宮遠忌については、くどいほど詳しい。そうして水野が日光に縛られているときに、江戸や京都では見落すことのできない事件が続いた。

慶応改元

水野が日光に出発する前日の三月二十九日（小の月で晦日）幕府は、長州藩主父子が江戸呼びつけの命令を拒み続けるのなら、将軍進発がありうるので用意するようにと布達した。これは『水野忠精幕末老中日記』にも出る。ここで初めて将軍に親征の意志があることが表明され、東照宮祭の完了後に必ずというように固まっていき、あともどりはない。反対派の閣老は辞任もしくは罷免である。

四月七日、京都で慶応改元が発表された。元治改元（甲子改元）の翌年にまた改元は異様だが（禁門の戦争があり）京都主導で行われ、江戸には記録が乏しい。江戸が布達したのは四月十八日で、日光大法会の翌日だった。同日、将軍の進発は五月十六日だと公布した。江戸で慶応改元を布達したその日に、将軍自身が長州再征の意志を示す。

改元のことに少しだけ拘わってみる。徳川の幕末には改元が極端に多い。一八六〇年から六五年までの六年間に「万延」「文久」「元治」「慶応」と四回も改元するのである。

「万延」と、いかにも長く続きそうな元号をつけたけれども（翌年の干支《えと》が辛酉《しんゆう》で、その前年の改元は拙いと判断できた筈だが）その二年に先例通りに辛酉改元し新元号を「文久」とした。

その三年後に干支は甲子《かっし》に戻る。甲子改元して「元治」（「令徳」案を春嶽の努力で変更したことを前記した）。

辛酉と甲子の間は短い。短い間隔で改元したのだから、甲子改元のあとはしばらく同じ元号を使い続けるのがバランスが良い。徳川期にも甲子改元のあとはそうだった。ところが今回は翌年に「慶応」と改元した。京都朝廷主導で禁裏守衛総督の一橋慶喜が関与したと伝えられる。新元号の慶応は四年まで続くが、その三年に徳川幕府は亡びた。

「折角改元しながら、慶長に興り、慶応に亡ぶと解せざるを得ざるに及ぶ」と書いたのは三宅雪嶺である。万延と改元した年に生まれた雪嶺は大著『同時代史』を万延元年から書きはじめ、繰返し改元を論じ、慶応元年に至って右のように述べた。

雪嶺の言う通り、徳川幕府は慶長に興った。関ヶ原の東軍勝利が慶長五年（一六〇〇）、家康が征夷大将軍に補されたのが慶長八年、将軍職を秀忠《ひでただ》に譲り世襲体制を確立したのが慶長十年だった。

それが慶応に滅びる。慶長に興り慶応に亡んだのである。ただし我々は結果を知っているから簡単に断定できるけれども、当事者たちはそうでない。慶応で再興と念じた幕府人士もあったことだろう。再興か滅亡か、幕末の山場である。

このとき名前に「慶」のつく人物が多かったという三宅雪嶺の指摘も面白い。尾張前大納言徳川慶勝、水戸の当主徳川慶篤、一橋慶喜、田安慶頼、越前福井の隠居松平慶永、加賀の世子前田慶寧《よしやす》、仙台の伊達慶邦《よしくに》、鳥取の池田慶徳。

尾張の慶勝は第一次征長総督だった。禁裏守衛総督の一橋慶喜は京都に常駐し将軍の西上を迎える。この二人を代表として政局の第一線に「慶」の字が目立つ。

将軍家茂がこれから攻めようという長州藩主は、毛利慶親《よしちか》の「慶」の字を剝奪された。その家茂は将軍継嗣となる前の紀州藩主のとき、徳川慶福である。

「慶応」と改元したときの藩主クラスに「慶」の字がつく人物が多いのは、十二代将軍が徳川家慶だったからである。天保八年（一八三七）から嘉永六年（一八五三）まで在位、その間に襲封などの画期を迎えた藩主クラスの人物に「慶」の字を与えた。尾張の慶勝は嘉永二年に藩主となったとき「慶」の字を貰って慶恕。安政五年（一八五八）隠居させられたけれども「慶」の字は剝奪されず、井伊大老暗殺後の万延元年に慶勝と改名して「慶」の字を使い続け慶応元年に到った。

松平慶永や一橋慶喜も同じ悲運を潜ったのだが家慶に貰った「慶」の字は保持し続け（慶恕→慶勝のように改名せず同じ名前で）「慶応」改元を迎えたのである。慶喜は禁裏守衛総督にして摂海防禦指揮である。いまの大阪湾（摂津の海を略して「摂海」）の防衛責任者を兼ねていた。庶民からの注目度も高い。京・大坂では新元号に二心《ふたごころ》ありという辛辣な批評があった。「慶」の字も「応（應）」の字も「心」を含み、「ふたごころ」と慶喜は結つき易いと見られている。慶応（毛を）吹いて傷を求めるとの駄洒落《だじゃれ》も聞かれた。

三　将軍進発

長州再征は家茂親征のつもり

将軍は予定通り五月十六日に江戸を発した。その直前に紀州藩主徳川中納言茂承が先鋒総督を引受けた。いったん任命された尾張の当主（徳川大納言茂徳）は辞任を認められた。

三月に軍艦奉行を罷免された小栗上野介忠順は、五月初めに勘定奉行に戻り、江戸を固める中心となる。同時期に大目付永井主水正尚志と目付戸川鉢三郎安愛《やすなる》は罷免された。

前年に軍艦奉行を罷免されたままの勝海舟は再征に反対で、日記に「今日御発途有りしと云」と家茂に対し珍しく冷淡だった。木村喜毅は供行列の一員である。木村は軍艦奉行辞任から時間を経て目付に復し、この五月七日に兵庫頭と改称したところだった。

親征の方向に引っ張った老中でまず指を折るべきは、阿部豊後守正外だろう。三月に帰府してからは、この道一筋と感じられる。将軍家茂に人払いで面談することが最も多い。御上洛では誰一人ついて来ないので御進発と唱えていると越前福井藩士に語ったことが記録された（『続再夢』五月十日）。

そのような空気を背景として、将軍の行列を入京させず、大坂城を中継に姫路城まで進み、親征の実質を示そうという意見もあった。しかし将軍と阿部豊後は、そこまでの極端は選ばず、入京参内して再征の勅許を求めることにした。随行老中は阿部を含めて三人である。正月に阻止を押切って戻り閉籠った松前伊豆守崇広は、三月に登城してからは阿部に歩調を合せた。赤ヅラ役だった松平伯耆守（本荘宗秀）が第二次征長について独自の判断を示したことは後述する（開戦後）。

京都に着いたのは閏五月二十二日で、一カ月以上もかかっている。名古屋から起《おこし》を経て関ヶ原を通過した。将軍にとっては初めての道順だった。最初の上京は東海道、二回目は海路、こんどの三回目が最後になるのだが、それはもちろん当事者たちには解らない。しかし東照宮二百五十年祭や慶応改元と出発が重なり、さらに関ヶ原を見たのだから、何かと因縁を感じさせられても仕方がない。

入京したその日に参内、翌日は下坂という方針だった。ところが御所で徹夜となり、翌日は二条城で休息しなければならない。

尾張の慶勝が総督だった第一次征長の結末を京都朝廷が承認していたのだから、いくら将軍親征でも賛成する筈はない。大坂に下って長州との間で手数を尽くし、改めて勅許を乞えという意向が示された。老中阿部豊後が代表で談判しているうちに夜が明けてしまったのである。二十三日下坂は無理で、二十四日発の伏見泊、大坂城は二十五日。

大坂の戦時下的統制

大坂の町は迷惑だった。将軍家茂はこれまで何回も大坂に来たけれども、それは京都から下っての摂海視察や、海路上京の途中での行列調整、また帰府の船に乗るためなどで、いずれもごく短期だった。今回は長州親征のため大軍を率いて来て、その軍隊と共に滞留したのである。警戒が厳しい。

平野屋武兵衛の日記（脇田修・中川すがね編『幕末維新大坂町人記録』清文堂・一九九四年）によれば、大坂の橋八十余カ所に木戸が建てられ六月三日の夕方に突然往来を禁止した。橋向うの風呂に行ったものが帰れなくなった。六月の夏祭りは全て中止、夕涼みの花火も狼煙《のろし》と紛らわしいからと禁止された。戦時下的統制なのである。

家茂が大坂城に入った日を改めて示せば閏五月二十五日である。六月・七月・八月と過ぎ、晩秋九月になり漸く動きがあった。長州が呼出しに応じないという結果が出たので、将軍が上京して再征の勅許を獲得。九月二十一日である。

これで長州へ向けて軍を発することができると思った。ところが、そうはならなかった。摂海に英・仏・蘭の軍艦九艘が来て英・仏の全権公使とアメリカの代理公使、オランダの総領事が乗っている。彼らは将軍大坂滞在の機会に、延期となっている大坂開市・兵庫開港をかちとり、併せて安政条約の勅許を公表させようというのだった。大坂滞在の将軍や老中が決断しなければ、京都朝廷に直接掛合うと脅すことができる。

二老中の官位を褫奪《ちだつ》

将軍より一足先に大坂に戻り四カ国の外交団と交渉したのは阿部豊後守だった。九月二十三日には兵庫沖へ出向いてパークスやロッシュと会談。翌日も会うとの約束を一方的に破棄して、二十六日に返事すると通告、大坂へ帰った。

京都から戻った将軍と兵庫からの阿部豊後が大坂城で顔を合せる。二十四日には〝在坂幕府幹部の決断で兵庫を開くしかない〟との見解がまとまった。

しかし二十六日朝、京都から一橋慶喜が大坂に来た。慶喜は勅許なしの開港には絶対反対である。二十六日、二十七日と論議が続く。阿部豊後と松前出雲が強硬で幕府の決定通りにしないと戦争になると論じた。

二十七日に若年寄の立花出雲守種恭が兵庫から戻り、パークスが十日間の回答猶予を認めたと報告した。

立花出雲は慶喜が大坂に着いてから派遣されたのだとの誤解が圧倒的に多い。そうではなく慶喜下坂より前の二十五日に出た。阿部豊後が約束した二十六日回答は無理だと伝えに行ったのでである。小笠原長行と二人の予定だったけれども、壱岐は病気になり、出雲が一人で行った。十日猶予の返事を持って、慶喜が頑張っているところへ戻ったのである。それで慶喜が着いてから派遣された（慶喜が派遣した）との誤解や記憶違いが生じた。拙著『勝海舟』（筑摩書房）注116で指摘しておいた。

パークスに十日も待つという気分があるのが察知できず幕府独自の決定を急いだのは老中阿部豊後と松前伊豆の速断である。慶喜は将軍に〝勅許を得る為に上京されよ〟と言い残して京都へ戻った。二十八日の朝、京都着。

ところが将軍は上京して来ない。大坂では勅許不要、幕府が独自に決めればよいとの議論が復活しているらしい。

慶喜は二十九日の朝議で、自分が大坂に行ったときの様子を詳しく話し、阿部豊後と松前伊豆を糾弾した。これに基き京都朝廷は、阿部と松前の官位を奪い国許で謹慎させるよう、幕府に命じた。九月は小の月で二十九日が晦日である。

この命令が大坂城に届くのは翌十月一日。その日に家茂が将軍職の辞表を書いている。辞表が先で命令が届くのが後ではないかとの議論がある。その可能性がなくはないけれども確定は難しい。二老中罷免と辞表が十月一日。辞表を前尾張藩主の徳川玄同《げんどう》に持たせ京都へ向わせたのも一日である。大坂城で「将軍家茂辞任東帰」と発表されたのは二日で、そのときには二老中官位褫《ち》奪《だつ》の報は知れ渡っていた。

家茂は十月三日大坂発で陸路、四日に伏見に着いた。そのときには東帰の予定を取消していたとの記録があり面倒だが、一橋慶喜や松平容保が伏見に待受け、その説得で二条城に入ったという流れで大過はないだろう。辞表は書いたが、何が何でも辞めるというほどの決意は見られない。職を慶喜に譲るという文言があるので将軍廃止の意志表明ではなかった。

一翁上坂命令をめぐる混迷

このとき江戸で勝海舟と大久保一翁の手紙の遣り取りがあって面白いので挟み込んでみる。大久保一翁のところへ上坂せよとの命令が届いたのは九月二十九日である。もちろん京・大坂の騒ぎは伝わっていない。一翁は大坂へ行くつもりだが海舟は反対だった。いま行っても何もできはしないというのである。しかし強いてとめることまではせず、留守番の管理も引受けた。

十月八日、もう明日は出発と決めていた一翁のところへ、上坂を見合せるようにとの指示が届く。将軍辞表の変動が伝わったのである。一翁は海舟にも報せるが、十一日付の松平春嶽宛書簡があって面白い。遠くにいる人に説明するため詳しく書いてくれて、一翁自身や海舟の考え方がよく解る。

一翁は、将軍の辞職を「大道御開好機会」と捕えた。政治の主導権を幕府から諸侯会議に移すのである。辞職した将軍も一大名として合議に参加するという構想だった。勝安房に昨日（十日）会ったら好機会と申しておりましたと書くから、海舟も家茂辞職と聞いた時点では希望を持ったようだ。

十月十七日に〝早駕籠で出発せよ〟との指示があり用意を済ませたところ、十八日には見合せよとのことだった。理由は「還御」だという。

なぜか将軍の「辞職・東帰」のうち辞職だけが先に伝わって一翁や海舟に希望を持たせた。「東帰」は酷く遅れて（実質的には誤報として）一翁のところへ届いたようだ。将軍還御であれば辞職した家茂が一大名として諸侯会議に加わるという一翁の構想は全くの見当違いとなる。将軍東帰（還御）では全てぶちこわしだと一翁は海舟に宛てて書いた（十月十八日付）。

そもそも家茂は、後任に一橋慶喜を推薦していたのだから、将軍職を廃止するつもりは毛頭なかった。違う構想を持っていた一翁や海舟が、辞職とだけ聞いて誤認したのである。

四　第二次征長戦争

長州処分案

京都では、伏見で将軍東帰を留めて二条城に連れ込んだ一橋慶喜が、朝議で奮闘し、安政の開港条約の「勅許」を取付けた。摂海（大阪湾）の外交団は、大坂開市・兵庫開港を無理押しせず、条約勅許で撤退する。

辞職東帰を撤回した将軍は、二条城で大きな人事異動を行った。大目付駒井相模守信興《のぶおき》と目付向山栄五郎（黄村）が罷免されたのは将軍辞表起草に関わったからだ。板倉勝静が老中に再任されたのも大きい。周防守から阿波守となっていたのを更に伊賀守と改称した。板倉伊賀は長州再征の体制を維持する中心となる。

大久保一翁より先に大坂に呼ばれて辞職騒動の前に江戸を発していた永井尚志と戸川安愛とが、二条城で大目付と目付に復した。この二人と目付松野孫八郎を広島に派遣し、長州との開戦（或は非戦）への手順を探らせる。

この体制を整えて将軍は大坂に戻った。将軍東帰と期待していた大坂の町人は落胆した。永井らの大坂発は十一月六日で、新選組の近藤勇や伊東甲子太郎《かしたろう》の随行が知られている。

長州は第一次征長軍に降伏した直後の藩内戦争で、幕府に恭順する勢力が敗退し、かつての尊攘激派が脱皮した討幕派の政権が生まれた。ただし直ぐに幕府との全面戦争に入る体力はないから、準備が整うまで引延し作戦をとる。広島での応接では第一次の降伏条件を守るという態度を示した。

永井らは、長州の表向き恭順を受入れた。彼らの報告は〝戦争の必要なし〟だった。第一次の降伏条件で残っている藩主父子の処罰と領地削減とを、できるだけ穏やかなものにして長州に受入れさせ、新しい戦争はやめようという。

長州は軽い処分でも受ける気はなくて見せかけの恭順なのだが、永井らはそこまでは見抜けなかった。報告を受けて京都朝廷と大坂の幕府首脳との間で、追加処分の決定と通告とが改めて議題となる。在京の一橋慶喜が意外に強硬派で紛糾した。

幕府と京都朝廷とが長州の追加処分を詰めているのと並行して、いわゆる薩長同盟の話が進んだ。

正確に日を書くのが良いかもしれない。幕府の大目付永井主水正尚志が広島で長州の使者宍戸備後助の訊問を開始したのは十一月二十日である。途中から副使木梨彦右衛門や諸隊代表も訊問相手に加わる。長州は戦争の準備が整うまで幕府を騙し通すつもりだ。

永井らは十二月九日、降伏条件を守り謹んで処分決定を待つとの「自判書」改定版を入手した。その後も長州代表の広島滞在などを巡ってやりとりが続き、永井らが大坂城に復命したのは十八日である。慶喜の下坂と帰京、永井の上京、方針が決まらないまま年が明けて慶応二年、老中板倉勝静と小笠原長行が上京し慶喜や松平容保らと協議を開始するのが正月七日。

慶喜旅宿と薩摩藩邸と

木戸孝允《たかよし》が黒田清隆に連れられて大坂に着いたのが正月七日。大坂の黒田清綱が、兄の清隆は西郷隆盛に伏見まで出迎えて欲しいと願っているとの手紙を発した。その希望通り西郷らに迎えられて木戸は薩摩の京都屋敷に入る。

そのころ同じ京都の一橋慶喜の旅宿では、いわゆる一会桑と上京老中とが、長州処分を巡って紛糾していた。議論が纏まらず老中はいったん大坂へ引上げる。板倉と小笠原に加えて井上河内守正直と松平伯耆守（丹後宮津藩主本荘）宗秀の在坂四老中が家茂に呼ばれて人払いで密談したのが十六日である。

十八日、坂本龍馬が大坂に着き、大久保一翁の宿を訪れた。上坂を命ぜられたり差止められたりした一翁だが、前年の十二月には漸く本当に出発して二十二日に大坂に着いた。将軍にも会い、第二次征長について意見を述べた。福井の中根雪江が大坂に来たのにも会った。松平春嶽との手紙遣り取りもある。

坂本龍馬を迎えた一翁は、幕吏が探索中だから危険だと警告した。しかし一翁は、龍馬が薩長同盟のために出て来たとは気づかなかった。

龍馬は上京し薩摩屋敷で木戸に会ったのが正月二十日である。木戸の不満を聞き西郷隆盛と談判する。西郷が譲歩して二十一日に盟約が成立（二十二日説も）。

改めて上京した板倉と小笠原が、慶喜らと長州処分案について合意する。その日時を詰めるのが難しいけれども参内して勅許を得たのは二十二日である。十万石を削り藩主父子は蟄居、相続者は別に選ぶというものだった。

幕府は二十六日、老中小笠原長行に広島行きを命じた。処分案を長州代表に通告するためである。前年広島まで往復した永井尚志に、こんどは小笠原随行が命ぜられた。「はじめに」で側衆の室賀正容が、このとき（時間的には少し前）大目付で、やはり小笠原に随行させられた。小笠原の出発は二月四日である。永井は八日。

この処分案は、第一次征長の続きである。長州の内戦で藩政府が交替しているため話が混線気味になるのだが、第一次で降伏し、その降伏条件の追加確定と執行が残っているということに、当の長州討幕派政権以外には何処にも異存はない。第二次征長には絶対反対の松平春嶽にしても、当主の松平茂昭が第一次の副総督だったのだから、降伏条件追加確定と執行は黙って見ている。薩摩も第二次征長が絡まなければ異存はない。

しかし幕府は第二次征長を絡ませている。即時攻撃に踏切らず京都朝廷の許可を待ったので停滞中だが、将軍家茂は「親征」のため大坂まで来たのである。

小笠原長行評価

この時点で、幕府内の積極策を代表しているのが老中小笠原長行だった。話を論理的に詰める力を持つ。この処分案を長州が拒否すれば戦争だと論理をつなぐことができる。ただし偏狭だとの批評がつきまとっている。それとギリギリのところを押切る力が弱い。文久三年生麦事件の償金をイギリスに支払うという決断はできたが、率兵上京で京都突入ができなかった。

勝海舟は長崎海軍伝習の時期に唐津藩世子の長行とつきあいがあり、同志と言ってもよい感情を一時は持っていた。その感情がまだ持続している時期に竹川竹斎に話した批評がある。冷飯で下情に通じており事を為す可き人だが、臆病なところがあるので大事には不安というのだった。

海舟の自筆文書でなく竹川竹斎が聞いた記録なのが弱いけれども、なかなか的を射ていると思う。

このとき在大坂の幕臣で消極派を代表するのが大久保一翁である。小笠原が出発した二月四日に福井の松平春嶽に宛てて書簡を書き、〝長州処分案は同席大名に示して取計わせるのが穏当〟と主張したのだが誰も取合ってくれないと歎いている。比較的近いと思っていた永井主水も、今回は広島で長州に直接通告という意見で、小笠原に遅れてだが出発が確定している。一翁は戦争を避けなければ徳川は保たないとの判断なのだが、永井は戦争にならないでもすむとの楽観論で、このズレが埋まらないままだった。

在坂有司の多くは「御威光論」だと一翁が書くのは、戦争するとの威力を示せば、長州も批判的な諸大名も恐れ入るとの、超楽観論を指すのだろう。このとき水野癡雲が大坂に来ているのだが、この仲間は「玉之入替説」だと一翁書簡には刺激的な文言が出る（「はじめに」で軽く触れた）。癡雲は、夜中に登城したり閣老の旅宿を訪れたりで、自分とは接触がないというのである。これは第三勢力か。

この手紙に春嶽が二月十日付で返事を書く。小笠原長行について、狭小で軽忽だと厳しい見方を示した。板倉勝静は他に譲る僻で思い通りに引っ張る力がない。大目付・目付らの御威光論を抑える力が期待できない。永井だけは別と思っていたが貴信のようでは心配である。水野癡雲の「玉之入替論」というのを自分は全く知らないので教えて欲しいと春嶽は希望した。

「公議会」説

一橋慶喜を除けものにしては朝廷との具合が悪いと春嶽は注意した。長州についても「征伐」の二字を除き、敵としない取扱が必要と、第二次征長に反対の春嶽の考えが述べられる。

この春嶽の手紙を一翁は、帰府途中の伏見の宿で受取り、十四日付で返事を書いた。その前に春嶽は十一日に伊達宗城へ手紙を出しており、それを挟む方が話が解り易くなるかもしれない。これは伊達の正月二十九日付書簡に対する丁寧な返事である。ただし長州処分案勅許については近衛忠房《ただふさ》が報じた筈だからと省略した。

大坂にいる大久保一翁と自分との一致した意見として第二次征長はやめて寛大の措置とし、大日本国の国是を立てる。それは英国の「公議会」でなくてはならぬと正面から書いている。「公議会」は一翁と共通の意見である。だから一翁宛にはここまでは書かない。それで伊達宗城宛を挟んだ。幕府有司は御威光論と金銀吹替の論ばかりだとは（一翁も書いて寄越したが）中根雪江が帰国報告したのである。御威光論を唱える代表格として京都町奉行から勘定奉行に転じた小栗下総守政寧を名指す別の手紙もある。

さて伏見で書いた二月十四日付の一翁の返信である。御用もなく一間暮らしでは（大坂滞留の幕臣は住宅事情が劣悪で畳一畳という者も多く一間は上々の部だが）病気がよくならず御暇をいただいた。長州との交渉が済めば御上京になる筈、御在京が手間取れば又々召されると思う、というのだから、意外に楽観的なのに驚かされる。将軍が京都に滞在して政治的に有意義な試みが行われ得ると、一翁は予測し、自分もまた呼ばれると思っているのである。

　春嶽が質問した水野癡雲らの「玉之入替説」は「何分認兼《したためかね》候」と謝っているから、手紙で露骨に言うことはできないのだが、癡雲ばかりではなく四五輩はあると一翁は書く。癡雲は元々この説だともあるから、強烈な一橋派だったことが思い出される。一翁や海舟は一橋派ではない。春嶽は一橋派の代表格だったのだが、嫌いになっていることは何度も書いた。癡雲も慶喜に満足し通したわけではないが、取替え候補としては慶喜しかないだろう。側衆を罷免されて引籠り中の竹本隼人正正明も事情に通じているらしい。認《したた》めかねるけれども雪江に聞いてくれと書いているから春嶽にも解った筈だが、記録に出たのを見たことはない。

「はじめに」で紹介した「其外は橋公へ阿諛《あゆ》諂佞《てんねい》実に不忍見為体《みるにしのばざるのていたらく》」には響いてくるかもしれない。そこでも触れたように、老中板倉伊賀守勝静について家茂の死去を悲しんだか疑問に思っている。水野癡雲が大坂城に頻繁に出入りして（一翁は癡雲の登城は夜が多くて自分とは全く出会わないと強調しているが）板倉が知らないということはないだろう。

　繰返しになるが一翁は、長州との交渉が巧く行けば将軍は上京するので自分も改めて出て来ると春嶽宛に書いた。少くとも永井主水は同意見だと思っていることが、一連の書簡から窺いとれる。それと薩長同盟には全く気づいていないことも。状況判断が的確とは思えない。

　将軍家茂が小笠原長行に与えた書面では「防長処置」について全権を与えるので万事見込通り

充分に取計えと委任しながら、事の緩急により必ず出馬すると約束し、また処置が済めば速に上洛し決して東下はしないと宣言する。『小笠原壱岐守長行』（小笠原壱岐守長行編纂会・一九二三年）の引用するところが完全に正確か不安があるけれども、家茂は自身の出馬に致らず小笠原の手で（広島で）解決した場合は、上京して第二次征長の終結を決めるというのだろうか。〝東下はしない〟とは変な約束だが、大坂でよほど帰府論が盛んだったのだと思われる。

追い込まれ開戦

小笠原長行の交渉は難航した。広島に着いて通告する相手の長州代表を呼出しても、なかなか出頭しない。期限を切ると、それを延期せよと求めてくる。延期に応じると、それよりも更に遅れて出てきた。小笠原の広島着は二月七日なのに、長州代表に処分案を伝達できたのは、なんと五月一日。長州側の徹底した引延し作戦に引っ掛かったのである。安芸国広島藩の非協力も、遅れる大きな要因なのだが、小笠原にはそれを解決する力がない。

五月一日に通告して回答期限は五月二十一日だった。これも長州は延期を求めてくる。小笠原は五月晦日（小の月で二十九日）までの延長を認め、それでも回答がない場合には六月五日をもって開戦と決めた。長州は回答してこない。幕府は散々待たされたあげく開戦に追い込まれた。

待たされている間に薩摩が出兵を拒否した。広島の小笠原に長州代表を呼びつける見通しがまだ立っていない四月十四日、薩摩の大久保利通と木場《こば》伝内《でんない》が大坂城で老中板倉勝静に会い、出兵拒否を通告した。幕府は何とか翻意させようと努めるが聞入れはしない。包囲作戦から薩摩の兵力が抜けるのも痛いが、他藩への影響が無視できなかった。それで勝海舟の出番がくる。

江戸の海舟が軍艦奉行に再任されたのは五月二十八日だった。大坂に行けとの命令である。このときの使命について後年の海舟のホラ話で、薩摩対策だとか、薩摩と会津の調停だ（それに成功したのだ）と誤解されているのだが、それは二〇一〇年の拙著『勝海舟』で丁寧に是正しておいた。大坂に着いたとき面接した板倉勝静がまず尋ねたのは、江戸城での相談はどのようになったのかということ。板倉は小栗忠順が海舟に密話し、それについて議論の進展があっただろうと期待したのである。

小栗の密話はあった。フランスに依頼して資金や軍艦・武器の提供を受け、長州を討つだけでなく薩摩も討ち、次いで諸大名を悉《ことごと》く削って郡県制にするというのであった。これは内密に決定しており、貴君が大坂に行けば機密にあずかるだろうから、既に決議済みだと承知してほしいと小栗は語った。海舟は議論に応じなかったと言う。

海舟が大坂に着いたのは六月二十一日で、戦争が始まっており、幕府の敗色が濃厚だった。そこに到る経緯を簡単に見ておく。

開戦の直前と直後と

延期させた回答期限の五月晦日にも長州は何も言ってこない。幕府は予定通り六月五日開戦と決めた。広島には先鋒総督の紀州藩主徳川茂承と副総督の老中松平伯耆守が来る。小笠原長行は自ら志願して小倉口の総督に回った。六月二日広島発で小倉に行く。六月四日、広島藩は出兵を辞退する。広島藩に攻撃正面の岩国口先鋒を予定していた幕府は苦慮し、岡山池田家などに援助を求めたが応じない。彦根井伊家と高田榊原家に先鋒を務めさせることにした。広島藩主は副総督松平伯耆守に開戦を延期するよう提案したが、領内を幕軍が移動することは拒否しなかった。

戦争は幕府軍艦からの、大島と上ノ関付近への砲撃で始まった。次いで幕軍が大島に上陸する。高杉晋作の幕府艦隊攪乱がよく知られている。六月十二日夜だった。続いて十五日には長州軍が大島に上陸し幕府軍を駆逐する。

広島藩に替って先鋒となった彦根井伊と高田榊原の兵が、周防との境、小瀬川に進撃したのは六月十四日である。精鋭で知られる両軍だが、長州勢の反撃で敗退。広島藩領が戦場となる。井伊・榊原に替って正面に出た紀州兵と幕府直属軍は、よく戦ったが、藩境を越えて押し戻すことはできない。広島藩内での戦闘が続き、領民の被害も大きかった。恨みは幕府に向かう。幕軍の敗勢である。

石州口では東隣の津和野藩は抵抗せず長州軍を通過させた。石見益田で初めて戦争になり、十七日には長州軍が同地を占領した。ここでも幕府側は長州藩領内に攻込むことができず敗勢だった。

クウレの六百万ドル

小倉口でも幕府軍は海を渡って下関に攻込むことができない。長州軍が小倉への上陸攻撃を繰返した。ここはパークスとロッシュの船が通過することに触れなければならない。パークスが鹿児島訪問の旅に出たのを知ったロッシュが軍艦ラプラース号で西へ急ぎ下関に着いたのが六月一五日である。最初の海戦が十六日だから、その直前。幕府軍が負けるとは思っていないロッシュは、長州が降伏するのなら幕府に斡旋すると申出たが、相手にされる筈はない。

ロッシュはこのとき海峡に留まらず長崎に急ぎ、鹿児島から引上げてきたパークスと激論。パークスの薩長寄り、ロッシュの幕府寄りは、明瞭だった。

二人は二十四日に長崎から関門海峡に来る。最初の海戦と長州軍小倉上陸（すぐに撤退するが）の翌日である。老中小笠原長行は二十四日・二十五日の両日にロッシュと会見し助言を求めた。ロッシュは富士山艦で東方面（長府という意味か）を撃ち、翔鶴丸を使って彦嶋を占領せよと戦術的な助言までした。

小笠原がもっと軍艦や大砲が欲しいけれども代金が心配と言うと、ロッシュはいま江戸で大がかりな借款交渉が進行中だと安心させた。ロッシュが横浜を発つ少し前にフランス本国から経済使節クウレが渡来し勘定奉行小栗上野介忠順らとの間で六百万ドルにも及ぶ大借款交渉が進行中だった。

ロッシュは小笠原の手許から大目付の塚原但馬守昌義《まさよし》を預り大坂城へ届けた。塚原の大坂城着は六月二十九日である。次いで七月三日には、老中板倉伊賀守勝静がラプラース号に出向いてロッシュと面談した。これで江戸で進行中のフランス借款と大坂城の対長州戦争指導とが結びつく。板倉は江戸からの報告を受けているけれども、ロッシュから直接聞かされた効果は大きかった。

海舟の錯覚

しかし広島では別の動きがあった。六月二十五日、在広島の老中松平伯耆守（本荘宗秀）は芸州藩に命じて長州藩主名代の宍戸備後助を釈放させた。先鋒総督の紀州藩主徳川茂承が激怒する。自分に相談せず松平伯耆が専断で宍戸を釈放したのである。これでは戦争にならない。七月四日、紀伊中納言茂承は辞表を大坂へ送り、五日にはその旨を全軍に布達した。大坂では慌てて松平伯耆守を召還し、先鋒総督には戦いを続けよと達するのだが、回復の見込は乏しい。

ここで勝海舟のことに戻る。海舟が大坂に着いたのは前記したように六月二十一日で、攻撃正面の敗勢は伝わっていたが、幕府にとって絶望的というわけではなかった。大坂城に登って板倉勝静に面会したのは二十二日である。板倉の方から江戸城での相談について尋ねたので、敵対する藩を潰して郡県制にするのは反対だと答えた。郡県制そのものに反対ではないが、それには幕府が自ら倒れ自ら削る必要があると答えた。将軍にも直接言上したと日記に書いているけれども残念ながら裏が取れない。

板倉は海舟について、これは見込みがないと判定したのだと思われる。しかし大坂まで呼んで何も仕事を与えないというわけにもいかないので薩摩と会津の調停を命じた。薩摩と会津の対立は京都である。二十四日に命令を受けた海舟は、その夕方に淀船に乗った。

後年の談話で海舟は、この調停に成功したと語っているが嘘である。大嘘である。

当年の海舟は、初め成功したと錯覚し、やがて失敗だと気付いた。後年の談話時に海舟は、失敗だと気付いたことを忘れ、最初の錯覚を喋ったのである。

上京した海舟は、まず会津の殿様、京都守護職の松平肥後守容保を説く。「徳川」が大切という考え方から離れなければいけないと論じ、長文の建白書も呈した。容保は何も反論しなかった。それで海舟は容保は受入れてくれたと思い込み、越前福井藩の家老本多修理にそのように伝えた。ところが本多からその旨を聞かされて春嶽が容保へ行ってみると正反対である。容保は海舟を強く批判した。「勝は薩の人数を出さざるは尤もと申由、伊賀守も勝には困り居る由なり」と語ったのである。海舟の容保説得は空振り、かすりもしなかった。

薩摩は勝海舟とは争わない。面と向かってそう言った。しかし勝と争わないだけで幕府とは争うのである。海舟もやがてその区別に気付いた。

海舟は第二次征長に反対である。だから薩摩の出兵拒否を咎めはしない。加えて自分の説得で板倉勝静も薩摩の出兵拒否を受入れる筈だと思ったのは誤算である。岩下佐次右衛門は大久保利通に宛てて海舟が次は受取る筈だと保証したと書いた。しかし大坂城は拒否。それで薩摩は京都朝廷に提出する。

このあたりで海舟は自分の失敗に気付いた。日記の七月十四日に「薩州より幕府へ呈せし趣意書を以て御所へ差出せし由、会家にて大心配なりと聞く。或は聞、是幕府へ差出置たりし、強て御返却に及びし故也と。我、此事に附て言上頻なりしに、遂に狎邪之妨を得て、其意達せざりしを知る」と書く。幕府が受取らないので薩摩は京都御所へ差出した「由」と聞いたのである。自分が薩摩に保証した通りにならなかった。それでもまだ「狎邪之妨」とは認識が甘い。老中板倉勝静自身に最初から受取るつもりが全くないのだが、それが解っていないのである。

そのことはフランス派批判とも関わる。海舟が京都から大坂に戻ったのは七月五日だが、翌六日に登城しても板倉に会うことができないまま日記に小倉口総督の小笠原長行と、それにつながるフランス派を非難する言葉を連ねる。八日に漸く板倉に会うことができて「大邪既に金を仏蘭西に借るの策あり、極めて如斯なるは彼が術中に陥り国家の瓦解日を卜して察すべし」と説き、狎邪の小人二、三人を斬って天下に謝せと提案するのだが、もちろん板倉は聞入れはしなかった。先に触れたように、板倉自身が二日にラプラース号まで出向いてロッシュに会っていたのである。

海舟が板倉に甘いこと甚しい。七月八日にこの状態であるだけでなく、十四日に自分の薩摩・会津調停が失敗だったと気付いている日記文でも、板倉自身の裏切りとまでは思わず「狎邪之妨」の所為《せい》にしているのだった。

この板倉に対する甘さは松平春嶽と共通する。春嶽が家茂の死去を悲しむ少数者の一番に板倉を挙げたことを「はじめに」で書いたが、あれは板倉に対する親近感の表現でもあった。春嶽は第二次征長に反対で、第一次に対する追加処分が過酷にならないよう福井から気を配り、将軍が大坂から前線に移動するようなことがあれば諫止しようと六月二十九日（小の月で晦日）京都まで出て来た。下坂すると石州口の総督を命じられるかもしれないとの警告を受けて京都に留まる。松平容保と面談し海舟の勘違いに気付いたことは前記した。

その松平容保から春嶽は重大な密報を受取る。将軍家茂の病気が重いというのである。大坂から所司代宛に医師派遣を依頼、その書面を密《ひそか》に見せられた。七月三日である。大坂城の医師が記した「御容躰書」には四月下旬から胸痛、六月上旬に至り咽喉糜爛かつ胃中不和、六月二十四日より両脚水腫、七月一日には嘔吐苦悶とある。自分たちの手に負えないので京都の医師を寄越して欲しいというわけだった。前線に移動など到底不可能。

容保は尊兄への密告は慶喜や所司代にも秘密だから、その旨を承知されたい、書面は早々に返却してくれと依頼する。家茂の病気を慶喜や所司代の松平越中守定敬は知っているのだが、それを春嶽に教えるのは容保の一存だから極秘にしてくれというのである。

しかし将軍の重病を隠し通せるものではない。五日まで京都にいた海舟は、下坂すると六日には「窃に」御不例と聞いた。板倉老中には逢えなかった。六日の海舟はまだ板倉に命ぜられた会津・薩摩との折衝が失敗だったとは気付いていない。この日の日記では小倉に廻った老中小笠原を非難することに多くの言葉を費やす。「今、此閣老之信ずる所は、狎邪之小人塚原・木下・小野・肥田之輩数人に過ぎず、天下之目在る者は是を知る、諸官は恐怖して不知、知る者三四輩に過ぎず、知れ共いふこと不能は力足らざる也、嗚呼終に国家を誤る。小拙反覆して唐閣之不明をいへども聞れさる而已成らず、か（へ）つて小人之悪み忌むこと甚盛なり、豈是等に意あらむ哉」。

いま原文通りに長く引用した日記を解説すると七月六日に海舟は、幕府の気に入らぬところを唐閣（唐津藩世子で老中の小笠原壱岐守長行）に代表させて非難する。唐閣が信ずる数輩として挙げられているのは大目付の塚原昌義、大目付兼軍艦奉行の木下利義、勘定吟味役の小野友五郎、軍艦頭取の肥田浜五郎である。

塚原が小笠原の手許からロッシュの船で大坂へ届けられたことは前記した。木下は長崎海軍伝習の補充艦長候補だった伊沢謹吾で、海舟が罷免閑居している間に追抜いて外国奉行兼帯の軍艦奉行から大目付に進んだ。小倉口にいる幕府艦隊の総指揮者で敗軍の責任者である。小野友五郎については、海舟は、まだ京都にいた七月二日の日記に「聞く小野抔云者払郎江金子借用之為東下すと。嗚呼、若此事事実ならは、国災不日に興らむ」と書いたのだが、下坂して勘定奉行小笠原摂津守広業に征長戦の費用を聞いているので、小野の件も事実だと確認したのだと思われる。

海舟が板倉に逢うことができたのは七月八日である。狎邪之小人三四輩を除いて天下に謝背せとか、フランスに金を借りるのは国家の瓦解となるなど力説した。板倉が三日にラプラース号まで出向いてロッシュに会ったことは知らないまま談じており「大抵容る丶が如しといへともども……」と判断するのだから、「唐閣」に厳しい反面板倉には甘い。しかし容るるがごとくだけれども力足らず実行はできないと判断。実は正反対なのだとまでは気付いていない。

松平伯耆守（本荘宗秀）召還問題でもそうである。伯耆守は宍戸備後釈放で和平の機運を生じさせようと狙った。先鋒総督の和歌山藩主は激怒したが安芸広島藩は期待した。海舟は伯耆守召還命令に反対だった。しかし命令が広島に届くと松平伯耆はそれに従わざるを得ない。大坂では沼津藩主水野出羽守忠誠が急ぎ老中に任命され、広島に向けて送り出された。誤認が多い海舟には状況に切込む力がない。

第五章

慶喜親政

一　敗戦処理

将軍死去を伏せ代理で出陣

薬石効なく将軍家茂は七月二十日の朝に死去した。喪は伏せられて皆々跡をどうするかについて走り出す。

跡は慶喜と決めて動いたのが板倉勝静である。家茂の遺志同様ということで慶喜を説得するのだから協力せよと春嶽は依頼された。遺志同様とは厳密には遺志ではないけれども板倉がそのように決めたという意味である。春嶽の内心はともかく、表向きはそれに協力する。

しかし慶喜は受けなかった。宗家相続だけを承諾し将軍にはならないと言うのである。

慶喜には家茂の喪を伏せて自分が将軍の名代として出陣という目論みがあった。家茂が慶喜に、自分が万一の場合の宗家相続と、名代として長州を攻めることとの二つを命じるという体裁となる。天皇は喜び慶喜を玉座近くに呼んで激励、更に剣と勅語とを与えた。板倉は慶喜の征長を成功させるため奔走する。春嶽は将軍職を継がないことには賛成だけれども長州に攻込むのは反対で帰国を願い出た。

慶喜が京都を出る予定日は八月十二日だった。板倉勝静は八月四日発で下坂し大坂城で慶喜出陣の準備に努める。

芸州口では攻込んだ長州軍と押戻そうとする幕府軍との激闘が続いていた。慶喜が精兵を率いて行けば効果があったかもしれない。

慶喜は八月二日付でロッシュに宛てて武器の調達を依頼している。長期戦になっても完勝するつもりだった。しかし慶喜がロッシュ宛書簡を書いたときには、既に小倉口が崩壊していた。肥後藩の撤退と将軍死去の密報とで動揺した小笠原長行が富士山艦で長崎に逃げたのである。小笠原が小倉を見捨てたのは七月晦日。そのことを大坂城が知ったのは八月十日だった。オランダ船に便乗した徒目付が長崎発の小笠原報告を届け、口頭でも実情を告げた。驚いた板倉は直ぐに上京する。十一日の午前中には慶喜も知り、とりあえず翌日の出発を延期した。


「幕府は今日より無之事」


もちろん延期しただけでは済まない。中止する他はない。しかし勅語と御剣まで頂戴したのだから簡単にやめることはできなかった。

福井へ引上げると希望した春嶽がまだ京都にいる。長州再征に反対の春嶽には、この局面から脱け出る知恵があるかもしれない。慶喜がどこまで深く考えたか疑問だけれども、ともかく春嶽に頼ることにした。

春嶽は直ぐには応じない。十一日には呼ばれても行くのを断った。十二日も行かない。ただし、いつまでも拒否し通すことはできないと解っているので、十二日には慶喜に反省を迫るための七項目の基本態度を起草した。「天下之大政一切朝廷へ返上」「幕府は今日より無之事」「尾紀両藩之如く可被成事」などと刺戟的な文言が並ぶ（春嶽自筆「国是」、『松平春嶽全集』『続再夢紀事』十八にも）。大政奉還し尾張藩や紀州藩と同格の江戸藩になれというのである。

　翌十三日には、この箇条書の内容を組込んだ手紙を慶喜に送りつけたが、まだ訪問はしない。慶喜は低姿勢で来てくれと依頼した。

　十四日、春嶽は漸く慶喜の旅館に出向いた。詰めていた老中板倉にまず会う。板倉とは前日に家老本多修理が接触しており、春嶽の意図は伝わっていた。板倉は春嶽の意見に自分は賛成で慶喜公にも話し、反対のところは説得に努めたと言う。

　春嶽は原市之進との面会にも応じ、慶喜と直接に話すのは午後になった。慶喜は、板倉が勝安房守を使えと言うので呼寄せたが貴兄はどう思うかと尋ねる。春嶽は「止戦」の御使いは軍艦奉行の任ではないから受けるか否か測り難いと答える。春嶽の真意はもっと大きなことに使えというにある。慶喜が将軍にならず幕府独裁を辞め諸侯合議の体制を創る第一は薩摩の心を攬《と》ることなのだが、それに勝安房守を使えと言う。彼に薩摩を説得させよと提案するのだった。しかし慶喜にそこまでのつもりはないので、これはウヤムヤになる。

厳島応接

海舟は十五日に陸路で上京し、夕刻には着いた。しかし孝明天皇が解兵を承知しておらず慶喜は止戦談判の命を出すことができない。十六日に慶喜は参内して解兵許可の勅を得たので旅館に戻り、待っていた海舟に停戦談判の使者を命じた。

このとき慶喜は〝止戦の勅命〟を出させる手続を開始していた。それを海舟は教えられない。勅命のことを知らないまま広島までダンバートン号（ドルハントン船＝長鯨丸）で行く。これは家茂の遺骸を江戸に運ぶための船で、海舟が使い通すというわけにはいかない。戦闘力のある軍艦で敵地に乗込むつもりの海舟にとって誤算である。

休戦の勅命は八月二十一日に京都で発せられ、広島に届くのは二十六日である。海舟は二十五日に厳島に渡った。後で厳島が会見場に決まるのだが、このときの海舟は、ここを中継ぎに周防へ行く予定だった。広島藩の植田乙次郎を介して長州側と遣り取りしているうちに応接場所が厳島と決まり、海舟は動かないで待つことになる。そういう厳島の海舟のところへ八月晦日に芸州藩家老の辻将曹《しょうそう》が忍んできた。広島に届き長州に伝達せよと命ぜられた休戦の勅命が不穏当な内容で、送ることに抵抗がある。海舟も自分の停戦談判が成立するまでは、その勅を伝達されないのが望ましい。

九月二日に厳島で行われた停戦交渉で海舟は、休戦の勅命については知らぬふりで通した。それでも交渉は難航した。海舟が事前に慶喜の了解を取付けた方針は「正大衆議御採用」と「天下之公論御採用」で、それを実行すると説いても信用して貰えない。慶喜に幕府の誤ちを正す意志があるのなら衆議を待たずに即刻実行すればよいではないかと指摘されると、抗弁できないのである。後年の海舟はあっさり片附いたように語っているのだが、当日の日記は「彼が云ふ処、悉く大節を持し、我が小吏之膏肓に当たる。ゆへに一小細事は悉記する不能」と苦しげである。押しまくられたのだ。

とどのつまり海舟が獲得したのは、幕府軍が撤退するのを長州軍は後追いしないという約束だけだった。窮した海舟が最後になって持出し、それだけが承認されたのである。

他の問題は、幕府が反省の実を示した上での、改めての話にしようということになった。そのときは自分が周防まで行きたいと海舟は希望した。しかし幕府は果して反省の実を示すことができるのか。前々日に来島した辻将曹から止戦の勅を見せられた海舟は、それが危ないことに気付いていている。いったん帰った自分が次に出て来なかったら、幕府は反省の実を示すことができないのだと思ってくれと、たいへん含みのある発言を残した。これを記録したのは長州側である（『防長回天史Ⅲ』）。

撤退する幕府軍を追撃しないという長州側の約束は効果的だった。海舟の報告を得て広島の先鋒総督紀州藩主は直ぐに解兵を令し自身も大坂まで引上げた。長州側は約束を守って追撃しなかった。

幕府軍が消えたあとの戦線は、安芸国については広島藩と長州藩との交渉で整理される。ここは広島藩が戦闘に加わらなかったので可能だった。戦争が終わったわけではない。広島まで届き伝達が保留されていた止戦の勅命は、先鋒総督ら撤退後の九月八日に芸州藩が使者を立てて山口へ送る。しかし受取って貰えず十九日に持帰った。

二　慶喜将軍就位

慶喜徳川家相続

将軍家茂の喪は八月二十日に発せられた。公式には、この日の朝に死去したことになる。慶喜が徳川家を相続した。幕府は慶喜を「上様」と呼べと達した。松平春嶽はそれに異論を唱える。「上様」と呼ばせるようでは、自分が提案し慶喜が受入れた諸侯会議開催も怪しいものだと疑う。しかし慶喜は内心はともかく表向き春嶽の提案を自分の意見として京都朝廷に届けたのだから会議を召集せざるをえない。

九月七日、京都朝廷は二十四家の諸侯を召集した。慶喜の真意は朝廷が直接にではなく自分が召集したかったので、既に春嶽の提案を受入れた直後の八月十七日に島津久光など主要諸侯のところへ梅沢孫太郎を派遣していた。しかし八月晦日の公家列参もあり天皇が自身の召集命令を決断した。「はじめに」で採上げた伊達宗城宛の春嶽書簡は、九月七日付で、宗城も上京せよと勧めるものである。薩摩の京都屋敷が島津久光を呼ぶため人を派遣すると聞いてまず久光宛を書き、次いで宗城宛の長い手紙を書いた。山内容堂宛にも書くつもりだと付記する。たしかに容堂宛が『続再夢紀事』に記録されている。このときの春嶽は諸侯会議が開かれるだろうと見ていた。慶喜が内心では天皇が呼ぶことになったのに反対だとも推測しているが。

日が経つに連れて春嶽の慶喜に対する疑いは深まる。紀州や尾張と同格の江戸徳川家の当主として会議に参加するのではなく、襲位していないだけの事実上の将軍として諸侯を京都に迎えるという姿勢が目につくのである。遂に春嶽は帰福を決意する。自分が京都にいては、慶喜の姿勢を容認しているとの誤解を上京諸侯に与え兼ねないというのだった。

それに勝海舟の問題が加わる。海舟は九月十一日に京都まで戻って報告するのだが、危機を切抜けた慶喜は冷たい。海舟の役割は追撃させなかったことで終わりである。長州との談判で海舟が約束したことを慶喜は完全に無視した。あとは「止戦之勅」が効いてくると慶喜は踏んでいた。しかし前記したように長州は受取らない。勅書は十九日に広島へ戻ってきた。そのことを伝える芸州藩家老辻将曹の手紙が二十四日に京都の海舟のところへ届く。

辻は長州で海舟に対する不信感が生じていると書いて寄越した。仮に「勅」が海舟が帰るのと行違いに出されたとしても、復命すれば訂正の通知が来るのではないか。厳島談判からあと、それが可能なだけの日が経過している。「勅」が厳島談判より前に広島に届いたことは前記した通りだが、復命後の幕府が何もしていないのは長州が指摘するまでもなく海舟自身が怒っていることなのである。海舟は辻将曹の手紙を板倉勝静に示し、意見書も書く。板倉は何も言うことはできず慶喜の反応はない。江戸へ帰れという命令が出ただけである。

海舟への帰府命令は十月一日だった。その日、松平春嶽は福井に帰るため京都を発した。海舟には翌二日付の春嶽宛書簡があり、帰福に賛成、自分も江戸へ帰るというのだった。春嶽と海舟を結ぶ改革路線は終わったのである。

春嶽も海舟も知らなかったが、慶喜は八月二十七日にロッシュに宛てて二通目となる手紙を書いている。止戦の勅命で征長に出かけるのはやめたが、戦争がとまっている間に乗じて貴君が兼ねて注意して下さっている変革をやり遂げたいので引続き尽力を御願いするというものである。もちろんこれは幕府中心の富国強兵であって春嶽が提案し慶喜が受入れるふりをした改革案とは全く無関係である。慶喜は春嶽に同意して見せた直後に裏切っているのだ。

慶応の軍制改革と陸海軍の奉行並

春嶽や海舟が去った京都には、勘定奉行で海軍奉行並を兼帯する小栗上野介忠順が来ていた。勘定奉行としてはフランスとの借款交渉の経緯を慶喜に報告するためだが、海軍奉行並の仕事では軍制改正の、海軍側の問題を詰めなければならない。

海軍奉行並は慶応二年八月に新設された。海軍奉行は前年七月で黒羽藩主の大関肥後守増裕《ますひろ》が就任し、このときも続いている。海軍奉行並には陸軍奉行並から小笠原筑後守長常が八月五日に移って第一号、次いで十一日に小栗忠順が兼帯で二人目。ただし小栗は臨時だ。

その小栗が慶喜のいる京都に来たので海軍のことが先行したが陸軍でも改革が行われており、実はこちらが本格的である。

陸軍は先に文久二年末から軍制改革を実施し、それは成果を挙げた。第二次征長戦でも、兵賦歩兵は強かった。

慶応二年には、文久以来の兵賦はそのままとし、大番・書院番などの旧来の軍制(番の体系)を解体して陸軍に組入れた。そのために従来からあった陸軍奉行並の位置付けを変更し、人事等の実務の元締とする。十月八日に竹中丹後守重固と溝口伊勢守勝如《かつゆき》が陸軍奉行から陸軍奉行並に転じたのは降格ではない。陸軍奉行並の役割が変ったのである。直ぐにまた変更になるけれども、奉行は大名で旗本は奉行並という時期が生まれた。

海軍には番の体系がなく、また兵賦にも無縁だった。しかし幕臣としての資格と関係なく能力に応じて各級の要員とするという必要性は陸軍と変わらない。海軍でも人事など実務の元締を海軍奉行並が務めることになった。十月十五日に旗本大番頭の菅沼左近将監定長《さだなが》が、十一月十五日に同じく大番頭の土岐肥前守頼徳《よりのり》が海軍奉行並に任ぜられたのは、その事情の一端を示すものである。「番」が解体された後の幕臣は、陸軍奉行並支配あるいは海軍奉行並支配となる。天保改革期の目付あるいは町奉行としての悪業を咎められて家断絶、自身は讃岐丸亀の京極家に御預け謹慎となっていた鳥居甲斐耀蔵は、慶応三年に息子の成文に禄を給わり家が復活と伝えられて感泣する(『鳥居甲斐晩年日録』)。息子成文の身分が「海軍奉行並支配小普請」だった。このように使われる海軍奉行並の最初が小栗忠順で、軍艦奉行勝海舟の上司となる。ただし京都で一緒に仕事をしたわけではない。海舟は江戸に去り、京都で小栗の下で実務を詰めたのは軍艦奉行並となって上京した木村喜毅である。

小栗が海軍奉行並を兼ねたのは僅かの期間で直ぐに勘定奉行専任に戻る。海舟は軍艦奉行を続けた。上司と下役という関係になったのは短く、しかも京都ではすれ違い同然だったということを、両者因縁の一齣として軽く述べた。

孝明天皇急逝

春嶽と海舟が去った後の京都で、慶喜は将軍になった。春嶽が提案して慶喜が受入れ天皇が召集した大名会議には、有力諸侯は誰も来ない。言いだした春嶽が福井に帰ってしまったのだから、島津久光も伊達宗城も山内容堂も動かない。来たのは当主と世子と併せて七人のみ。この七人は十一月の七日と八日に別れて慶喜に「謁」して諮問に答え数日後に意見書を提出した。慶喜は十九日に七人を饗し、それで諸侯会議は終わったのである。

このあとの十一月二十七日、孝明天皇は議奏と伝奏とを呼んで、慶喜に将軍職を宣下せんと思うから、どんなに固辞しても受けさせよと命じた。翌日、武家伝奏が所司代の松平定敬に伝える。定敬は直ぐに慶喜に報告した。

慶喜は受けた。将軍宣下の朝廷側の手続きが進行し、十二月五日に完結する。これがすむと勅使・親王使・准后使が二条城に派遣される。慶喜は二条城で位記・宣旨を受けた。江戸城だと何日も後になるが、二条城なので即日だった。

その二十日後の十二月二十五日、孝明天皇が急死。二十九日発喪。

慶応二年の十二月は大の月で三十日が大晦日。その前日に喪を発した。秘したまま新年を迎えるよりも、諒闇《りようあん》として祝賀の儀式を廃する方がすっきりする。

睦仁《むつひと》親王の践祚《せんそ》は正月九日だった。明けて十六歳である（満十四年と三カ月余）。関白の二条斉敬《なりゆき》が横滑りで摂政となった。外祖父の中山忠能《ただやす》が反幕府派で、彼を軸として側近公卿の力関係に変動が生じる。二条摂政には、この動きを抑えきる力がなかった。慶喜は京都を離れることができない。

大坂城が外交の舞台に

慶喜将軍が東下しないので、ロッシュが苛立って大坂まで逢いに来た。二月の六日と七日に大坂城で会見する。更に八日には老中板倉伊賀守と老中格で陸軍総裁の松平縫殿頭（大給乗謨・信濃田野口藩主）がロッシュの旅館に出向いて細かな指導を受けた。慶喜は更に二月二十日にも大坂城にロッシュを迎えた。このときはゲリエール号搭乗のローズ提督も一緒だった。提督は朝鮮遠征の話をした。

ロッシュの指導で幕府は各部門のトップとなる老中を「総裁」とする体制を構築するのだが、

松平縫殿頭の陸軍総裁と稲葉兵部大輔正巳《まさみ》（前安房館山藩主）の海軍総裁とは、それに先立って慶応二年の十二月二十八日に任命された。二人とも老中格である。松平縫殿頭は陸軍奉行から若年寄に昇り、慶応二年六月に老中格という経緯を経て、十二月の陸軍総裁兼務だった。稲葉兵部は慶応二年六月に若年寄を辞して若年寄格となっていたのが、十二月に老中格で海軍総裁である。藩主を辞めてから若年寄となり若年寄格への格下げを願い、しかし老中格で海軍総裁という複雑なコースだが、安房館山という領地は海軍と無縁でない。

陸軍総裁と海軍総裁には、先行して慶応二年の十二月に老中格が就任した。他の総裁は慶応三年の五月だから、それより前にパークスら外交代表を大坂城で接見する儀式と兵庫開港問題の進展がある。

幕府は実は、慶喜が将軍になる前に（なる予定と前提し）大坂城で接見するとロッシュやパークスら外交代表に通告したが、これには疑義が出て、いったん中止となった。ところがロッシュの上坂単独会見があり、パークスが自分も大坂に行くと言いだす。幕府はこれを逆用して三月二十八日に大坂城で公式謁見の場を設けた。細かく言うと二十八日は英仏蘭の公式謁見で、それに先立って二十五日に英、二十六日蘭、二十七日仏と内謁がある。アメリカだけは外れて三月二十九日（小の月で晦日）内謁、四月一日公式謁見。

政治的に重要なのは英国公使のパークスだった。薩摩寄りで幕府に批判的である。しかし二十五日の内謁で慶喜は兵庫開港を確約した。その歯切れの良さにパークスは惚れ込んだ。慶喜が英ドが記す。

国女王のために乾杯すると、パークスは天皇でなく慶喜のために乾杯したと随行のミットフォー

機能しない「四侯会議」

この時点では兵庫開港は未だ勅許されていない。慶喜が確約したとの情報を摑んだ薩摩は、これで幕府を追込むことができると喜んだ。なお兵庫開港は正確には「大坂開市・兵庫開港」で期日は慶応三年十二月七日（グレゴリオ暦一八六八年一月一日）。一度延期した後なのだから、また延《のば》すとは言えない。開市開港より半年前の和暦六月六日に公布するためには、五月二十三日の朝議で決めなければならなかった。

薩摩の西郷隆盛や大久保利通は、島津久光を上京させ、かつての参預会議の仲間である松平春嶽・伊達宗城・山内容堂と組ませることを目論んだ。朝議で開市開港を阻止するのである。参預会議の縮小復活版で「四侯会議」と呼ばれる。

ただし四人とも開港賛成派だから、幕府を困らせるために開港勅許反対の理屈を組立てるという芸当はできなかった。個別に打合せ、また四人揃って慶喜と面談もしたが、西郷や大久保の思うようにはならない。山内容堂は早く脱落した。

五月二十三日の朝議に島津久光は出席しなかった。四侯が揃って欠席すれば勅許まで議を進めることができないだろうという大久保の読みによる。伊達宗城も欠席のつもりだったが、二条摂

政の強い要望で遅れて行く。しかし発言の機会はなかった。

松平春嶽は不本意ながら最初から出席した。虎之間の公武同席の場では慶喜の隣、武家側の次席である。公卿側は春嶽に四侯を代表しての意見を求めた。春嶽は四侯の一人としては防長問題先議、しかし自分個人は慶喜の希望を通して下さるよう希望すると手の込んだ意見を述べた。慶喜は好きでないけれども、この問題を倒幕に活用されることは避ける。

本来の公家だけの審議は手間取った。延期しようとの議も出る。しかし慶喜が勅許を受取るまでは退出しないと頑張るので延期にはできない。休憩の連続で翌二十四日の夜に至り漸く摂政が決断した。大納言鷹司輔政《すけまさ》が勅許を出さなければ幕府は終わり、幕府が終われば朝廷も終わりだと迫ったのだという。

この勅許を得て幕府は六月六日、本年の十二月七日より兵庫港を開き、江戸・大坂両市に貿易目的の外国人を居留させるので、産物を盛大に運搬し自由に商売せよと布告した。兵庫開港・両都開市である。ただし江戸開市は更に延期になるので十二月七日に実現するのは大坂開市・兵庫開港だった。その直後に王政復古クーデタ、慶喜下坂、外交団を前に主権は自分にあると宣言という順になる。

兵庫開港勅許のときは、もちろんそんなことは見通せない。幕府は「総裁」体制を整えたところだった。

フランス式の陸軍、海軍はイギリス

陸軍総裁と海軍総裁が慶応二年末だったことは前記した。慶応三年の五月には老中稲葉美濃守正邦を国内事務総裁に、同じく老中の小笠原壱岐守長行を外国事務総裁に、更に老中の松平周防守（松井）康英《やすひで》を会計総裁に任命し、五総裁体制が出現する。

陸軍と海軍を先行させたのは軍制改正を急いだため。特に陸軍が大変だった。大番・書院番・小姓番というような伝統的な番組が廃止もしくは大幅縮小となり、組員のうち壮年で使えそうなものは銃隊に編成された。書院番頭や小姓番頭など格式の高い旗本が銃隊奉行として陸軍の傘下に入る。番の大系が廃止されて陸軍に移行して来た。陸軍の所帯が大きくなり、陸軍総裁（老中格）→陸軍奉行（若年寄）→陸軍奉行並（旗本）という序列ができあがる。陸軍奉行並の役割についてては少しだけだが前記した。

この陸軍を充実させるため、新渡来のフランス人教師シャノワン等による三兵伝習が慶応三年の初頭に横浜で開始され、やはり不便だと場所は江戸に移された。士官学校の創設も決まる。

海軍は海軍総裁（老中格）→海軍奉行（若年寄）→海軍奉行並（旗本）の序列が慶応三年の初頭に出来上るのは陸軍と同じだが、その下は陸軍のように兵種に別れることなく「軍艦奉行」と同並の一系列である。慶応三年初頭だと軍艦奉行は勝海舟ただ一人、同並が木村兵庫頭喜毅と池田筑後守長発の二人だった。二月二十一日、奉行並に赤松左京範静《はんせい》が加わり三人である。三人とも船乗りではない。操艦や戦闘の専門家ではない。

海軍はフランスの意向もあり伝習の教師をイギリスに依頼した。その教師陣が着任する前にオランダで建造された開陽丸が届き、少し面倒なことになる。

開陽丸が横浜に着いたのは慶応三年三月二十六日である。留学生の内田恒次郎や榎本武揚《たけあき》が乗っていたが、動かしたのは彼等ではなくオランダの士官・下士官・水兵だった。そのオランダ人を開陽丸運転の指導者として雇用する話が始まり、賃金も内定した。しかしパークスが怒る。イギリスから海軍の教師を呼んでいるのにオランダ人を雇うのは許せないと言うのだった。オランダ人を断りイギリス教師陣は未だ来ていないのだから、開陽丸は動かない。艦長に予定されていた軍艦頭の矢田堀鴻は辞任した。留学生中で動かす力を持つ榎本武揚と沢太郎左衛門とを軍艦頭並と軍艦役並に任じたのは、到着から四カ月を経た七月八日だった。安心した矢田堀は艦長に戻る。徳川艦隊の司令官候補という含みがある。その下で榎本が艦長となる日が近い。開陽丸の維持に物凄く金がかかるのには、みな驚いたようだが。

総裁は江戸、将軍は京都

総裁の話に戻る。「国内事務総裁」に老中稲葉美濃守正邦が任命された。在京していた五月六日に任命され、総裁になって東下した。外国事務取扱は外されて国内専任となったが、総裁の下に新しい機構が出来たのは確認できない。副総裁や「並」の任命もなかった。

外国事務総裁には老中の小笠原壱岐守長行が任命された。これも任命は京都だと『小笠原壱岐守長行』は書くのだが日の勘定が合わない。彼が五月二十九日に大坂を発し兵庫を巡検、奇捷丸で六月三日江戸に着くのは木村喜毅の日記で裏付けられるので間違いないだろう。『海舟日記』の四日着は当てにならない。

これに先立って外国奉行の平山図書頭敬忠《よしただ》（謙二郎）が、若年寄並に昇進し外国総奉行に任命された。この若年寄並外国総奉行の更に上に老中の外国事務総裁が置かれたわけである。平山は旗本のままで若年寄並になった二人目だ。次いで旗本の山口駿河守直毅《なおき》（陸軍奉行並兼外国奉行）と朝比奈甲斐守昌広《まさひろ》（外国奉行）とが外国総奉行並に任命された。山口と朝比奈は若年寄格にも並にもならないのだが。

会計総裁には老中の松平周防守（松井康英）が任命された。その下に会計奉行が新設され、若年寄の立花出雲守種恭と、寺社奉行から若年寄に昇進した永井肥前守尚服《なおこと》（美濃加納藩主）が就任した。旗本の勘定奉行（勝手方）が、この下に来る。

勘定奉行の実力者は小栗上野介忠順である。老中の松平周防は元旗本で、外国奉行も勘定奉行も小栗より（厳密には小栗の初度より）後の就任だが、磐城棚倉の松井（松平）家を継いで譜代大名となり、慶応元年十一月に老中に選ばれた。旗本のときは石見守、棚倉藩主となり周防守と改称した。

松平（松井）周防は、旗本で外国奉行のとき（石見守のとき）、遣欧使節の副使としてヨーロッパを廻って来た（前出一一五頁以下）。このときの老中で外遊経験があるのは彼一人である。果してそれを生かすことができたのか、松平周防の仕事ぶりを見届けるのは難しい。

京都で将軍慶喜の側にいるのは老中板倉伊賀守勝静である。この人は何の総裁にもならなかった。総理大臣相当とも、慶喜首相の官房長官とも解釈できるだろう。慶喜と板倉が京都で、総裁五人はみな江戸というのは不都合の極みである。ロッシュは慶喜に江戸へ戻れと切言したが、京都を離れるのは難しかった。

ロッシュ側にも問題が生じていた。一八六六年九月一日（慶応二年七月二十三日）フランス外相ドルアン・ド・リュイが辞職した。後任はマルキ・ドゥ・ムウティエで、仏外交は英国と協調する路線に転換した。新外相はロッシュに対し、幕府寄りの姿勢を改めるよう指示を発した。

三　ヨーロッパの徳川昭武

フランスの徳川昭武

横浜で発行されていた『ジャパンタイムズ』が慶応三年正月十日、前年の八月にクウレ締結の六〇〇万ドル借款協定を報じ、英仏間で問題になった。借款協定は破棄される。当時滞仏中で滞在費が枯渇した徳川昭武《あきたけ》一行は、帰仏のクウレに為替を依頼したが断られた。随行の向山隼人正が小栗上野介忠順に宛てて電報を打ったのが和暦七月十八日だった。後で丁寧に記述するけれども、この電報がサンフランシスコ経由で横浜に着いたのは八月二十九日である。

しかし小栗は直ぐには送金できなかった。小栗といえども独断では処理できないのである。日を欠くけれども民部大輔一行の金遣いについて、勘定奉行連名の、体面を繕《つくろ》わず緊縮すべきだという九月付の意見書がある。将軍の名代だから体裁の維持も必要だという外国奉行連名の評議書もある。更にオランダ総領事ポルスブルックのところに、アムステルダムの銀行が一行に金を用立てたという電報が届いた件が加わる。ポルスブルックは「驚愕」して、小笠原壱岐守長行に問合わせて来た。和暦九月二十六日（十月二十三日付）である。

ここまで昭武に触れることが出来なかったので、いま少し遡って書くことにする。慶喜の弟（斉昭の十八男）昭武（余八麿昭徳だが昭武で通す）は早くから在京し、水戸天狗党の西上に際しては藩主慶篤の弟という資格で水戸兵を率いて迎え撃つため出陣した。慶喜が将軍になるのと前後してパリ万国博派遣と留学滞在とが決まる。空いていた清水家を相続し将軍慶喜の名代として渡仏するのだ。外国奉行向山隼人正一履《いちり》（黄村《こうそん》）が主席随員に任命された。向山黄村には公使の資格が与えられ、外国奉行支配組頭の田辺太一が書記官である。条約相手国に赴任する最初の外交官だった。賜暇帰国するシーボルトが同行した。慶喜の手許から渋沢栄一が派遣されて、後年に大実業家となる基礎的経験を積んだ。

彼らがフランスの郵便船で横浜を出たのは慶応三年の一月十一日だった。パリに入ったのは三月七日（グレゴリオ暦四月十一日）。パリ万博開会（グレゴリオ暦四月一日）より十日も後だった。開会式に出ることができず「不用意が感じられる」と『遠い崖』（5）は説くが（『外国交際』一六〇ページ）必ずしもそうではないことをこれから述べる。

松戸市戸定歴史館発行『徳川昭武幕末滞欧日記』（一九九七年刊）に収録する国許同僚宛の田辺太一書簡によればグレゴリオ暦四月一日は開会式ではなく「見物人立入」で、「弥開局」は五月一日だけれども「別段礼展等も無之」。正規の開会は五月一日だが開会式はなかったのである。パリ着四月十一日の徳川昭武一行は十分に間に合ったのだ。

右書の「御日記」は和暦四月三日（グレゴリオ暦五月六日）にもなって「博覧会に付いては各国之王執権等追々巴里斯江着到之様子なり……」と書くから、遅れたという意識は持っていない。仏王の茶会に招かれて着いたばかりのベルギー王やスウェーデン王子と同席したと記す。和暦四月十四日（グレゴリオ暦五月十五日）には英国王子に招かれて行くと「仏王夫婦を始め巴里へ参り居り候各国之王並に王子重役まで参り」舞踏会である。翌日も同じく王族が集って徹夜の舞踏会。昭武は王族クラスの日本代表として遺憾なく交流していた。

話が前後したが昭武は、和暦三月二十四日（グレゴリオ暦四月二十八日）ナポレオン三世に拝謁した。日記には「始てナポレオン江面会し御国書を渡す」とある。

ナポレオン三世が帝位に就いたのは一八五二年十二月二日である。和暦嘉永五年十月二十一日。ペリー初度来航の前年だった。この本で記述して来た徳川幕末史は、フランス第二帝政という国際環境下なのだが、初めの間は「英仏」とイギリスの添物のように出るだけで印象が弱い。存在感が出るのはベルクール総領事→全権公使からだが、背後にナポレオン三世がいると特に意識させられることはなかった。ただしベルクールが推進した遣欧使節竹内下野守保徳は文久二年三月十五日（一八六二年四月十三日）ナポレオン三世に謁見し国書を贈呈している。遣欧使節であってフランスだけを目指したのではなかったが（一一四頁以下に詳述した）。

幕府にとってフランスが特別な存在となったのはロッシュ公使着任からである。小栗忠順を実質的代表とする幕臣の一派がフランス型の中央集権的国民国家を目指す。勝海舟や大久保一翁は藩会議を経ての統一国家で「共和政治」。幕府がフランス型を目指すことは将軍慶喜になってから特に強く、昭武の留学は、その実現と継続のための重要な布石である。第二次征長苦戦の幕府にとってクウレ借款への期待は大きかった。昭武がフランスに着いたときには、まだその破綻が明らかになっておらず、滞在費を渡してくれないので電報を打つことを前記した。

慶喜は昭武に跡を継がせる心算でナポレオン三世治下のパリに留学させた。昭武はこのとき兄慶喜と自分自身とが模範とする君主に面会したわけだが、その意味を詳述する筆力を未だ持たない。しかし慶喜には解っていた。このとき慶喜は兵庫開港勅許が未だ得られないまま大坂城でロッシュやパークスに会い、再延期はしないと確約する。パークスが天皇ではなく慶喜のために乾杯したとミットフォードが記した（前出二三二頁）。慶喜皇帝である。

念を押しておくが、和暦三月下旬のナポレオン三世との初対面の後で、和暦四月になって万国博のためにパリに来た諸国王族や迎える仏王夫妻との社交が本格化するのである。夜は舞踏会、昼に昭武は博覧会に行き「短筒」を購入したこともあった。昭武の日記や日本宛の向山黄村書簡に拠れば和暦四月二十九日（グレゴリオ暦六月一日・ロシア暦五月十九日）ロシア皇帝アレクサンドル二世が博覧会見物のためパリに到着しナポレオン三世が「蒸気車道」まで出迎えた。

その翌日に昭武はナポレオン三世に招かれて大競馬会に行くとロシア皇帝やペルシア王、プロシアの王子、ギリシア王らが来ていた。更にその翌日、昭武はペルシア王とプロシア王子を訪問し、次の日にはロシア皇帝を訪問する。王族的交際に遺憾はなかった。徳川将軍（条約上の国家元首）の弟で代理人でもあるから可能なのである。幕府に対抗して独立国の体裁で出品した薩摩も、これればかりは真似ができなかった。

ポーランドの廃王の子息がロシア皇帝を狙撃し失敗するという事件が起きた。昭武らは犯人に同情的だったが、表向きはロシア皇帝を慰問する。ポーランド分割のことをどこまで理解していたのかは不明。ここまでのところオーストリアからは王族が現われていない。

和暦五月二十九日（小の月で晦日・グレゴリオ暦七月一日）博覧会で新発明に賞を出すので招かれて行ったところ諸国の王や王子が三十余人だと昭武は記す。六月二日には慶喜に与えられたメダルが届いた。

和暦六月十日（グレゴリオ暦七月十一日）にクウレの蒸気船で博覧会の前からセーヌ川を下っているのも注目される。このときはクウレとの関係がまだ良好だったのか。

昭武は七月二日（八月一日）留学中の教師として推薦されたロイテナントコロネルら関係者数人を夕食に招いた。クウレやカションもいた。カションは既に親薩摩で反幕府だったが昭武は気付かなかったのか。クウレも和暦七月十八日には、昭武一行の金遣いが過ぎるとの苦情をロッシュ宛に書く。向山一履に対する批判が特に痛烈だった。ロッシュはその手紙をパークスに見せる。パークスが本国外務省宛に報告したクウレ書簡を、萩原延壽が活用した（遠い崖7『江戸開城』一三〇～一三六頁）。

その手紙のことまでは知らず向山が小栗に「クーレーより金あらすオリインタルバンクに為替を組むへし」と電報するのは、おなじく和暦七月十八日である（『幕末維新外交史料集成』6 四四六頁）。それをサンフランシスコで受信したものが蒸気船で太平洋を渡り横浜に届く。和暦八月二十九日、即日オリエンタル銀行の「代表ロベルトソン」が小栗に手紙を寄越した。英国飛脚船が横浜を発つ日を書添え、同船により電報を打つことができると行届いた文面である。しかし小栗がフランス滞在中の一行に銀行から金を渡してくれと返書したのは二カ月近くも後の十月二十二日だった（同前書四四七頁）。既に大政奉還の確報が江戸に届いている。

いま向山隼人が電報を打った状態の徳川昭武一行のことを続けて日本から大政奉還の報が届くところまで行く。そこで一転して慶喜の大政奉還を正面から記述するという順序としたい。

栗本鋤雲渡仏と昭武の旅行と

金を送れとの電報を打ったものの、直ぐに届くとは期待できないので、向山隼人は独自の金策をして徳川昭武の諸国巡回を強行した。第一目標は英国なのだが、女王が別宮に行きロンドンに居ないとの連絡があり、スイスから始める。

パリ出発直前に外国奉行の栗本安芸守鯤（鋤雲）がスエズまで来て居るとの電報が入った。帰国予定だった杉浦愛蔵と山内六三郎をマルセーユまで迎えに行かせスイスの徳川昭武のところへ案内させるという変更（杉浦と山内は帰国するのだが、その前に小さく別の役割）を決めた。昭武らのパリ発は和暦八月六日（九月三日）である。

渡仏を命ぜられた栗本は、京都まで出向いて将軍慶喜に会い、重要な書類を預った。薩摩の所行で徳川幕府の正統性が疑われている状況に対しては「国律」、それとナポレオン三世宛、徳川昭武宛の書簡である。栗本の横浜出発は六月十日過ぎ。それと日を接しての六月十二日（七月一三日）、ロッシュは新外相ムウティエに対し長文の報告を起草し、前外相ドルアン・ド・リュイと自分との遣り取りを参照することを求めた（遠い崖5『外国交際』一七三〜一八〇頁）。前外相はロッシュの幕府支援を容認していたが、新外相は英国寄りである。栗本の任務は、幕府の正統性確保と外債募集、果して達成できるか、前途は厳しい。

スイス滞在中の徳川昭武のところへ栗本安芸守が来たのは八月十三日（九月二〇日）である。慶喜の指示は、巡国はやめて留学に専念せよというものだったが、中止は不可能。小人数で続行と決めて、栗本は向山隼人と共にパリに戻る。反仏的になっていた向山は曲折の末に十二月には帰国し、駐仏全権公使の役は栗本に。しかし今は和暦八月、まだまだ途中経過を見なければならない。

徳川昭武はスイスからオランダ・ベルギーを経て、いったんパリに戻り、アルプスのモンスニ峠を馬車で越えてイタリアへ向かう。更に英国の軍艦でマルタ島に渡った。このときマルタは英国領、昭武を招いてくれたのである。

マルタからマルセーユを経てパリに戻り、改めて英国に向うのは和暦十一月六日。迎えの軍艦で荒れたドーバー海峡を渡りロンドン着が七日、ウィンザー宮に滞在中のヴィクトリア女王に面会するのは九日だった。

英国行きに随行した向山隼人はスタンレー外相と会談し、慶喜の称号（陛下 Majesty でなく殿下 Hines）問題など交渉。慶喜の地位問題で英国は譲らなかったが、徳川昭武一行の歓待には覇権国の余裕を見せた。昭武らもオランダやベルギーを遥かに上回る軍港などの充実振りに感服する。

昭武の危機

パリに戻った徳川昭武は、こんどこそ留学の勉強に専念しなければならない。ヴィレット中佐と教師ボワシェールが、フランス語を徹底的に教えこんだ。

厳しい時間表だがグレゴリオ暦一八六八年の新年は皇帝ナポレオン三世に挨拶、三日には皇太子が徳川昭武の屋敷に遊びに来た。五日はセーヌ川が一面の氷だと昭武。

九日（和暦慶応三年十二月十五日）には向山隼人の送別会が開かれた。向山は十五日にパリを起って帰国の途につく。あとは栗本安芸守が全て引き受けた。慶喜信任の山高石見は昭武の御傅役を罷免され、留学生世話掛となる。山高については慶喜の見込み違いだった。江戸に戻った向山は若年寄に昇進するが、すぐに辞任。後年には文人勝安芳の詩文の友「黄村さん」として記録に残る。

日本側が栗本安芸守に一本化され（渋沢栄一はそのまま）徳川昭武の勉強は進んだ。フランス側の評価も高い。御世辞抜きで優秀なのだった。ところがグレゴリオ暦の一二十六日（和暦正月二日）大政奉還の報が届く。日がズレているが昭武の日記には「夕刻日本より悪き新聞あり」と書かれた。大政奉還上表の十月十五日から数えて約二カ月半後である。慶喜の意図はまだ全く伝わらない。昭武にとっては将軍（条約上の国家元首）の弟という足場が崩れるかもしれない危機だった。

フランスの徳川昭武が大政奉還を知ったとき日本では鳥羽・伏見の戦争が始まるところだった。政権返上を決断した慶喜はこのような展開を予測しない。彼は慶応三年十月に何を考えていたのか。そこに至る前史から見ていく。

第六章

大政奉還

一　土佐の建白

前史

文久二年（一八六二）に大久保一翁と松平春嶽が政権返上論を唱えたことは一三〇頁以下に書いた。二人ともこの考えを維持。一翁は慶応元年（一八六五）将軍家茂辞表のとき将軍職廃止かと一瞬錯覚して喜んだ（一九九―二〇〇頁）。春嶽は慶応二年慶喜の長州出陣撤回の窮地を救うため政権返上を提案する。慶喜は受入れるふりをして見せたが実は拒否。春嶽が未だ拒否だとまでは気付いていていないときの伊達宗城宛書簡を「はじめに」で使った。気付いて京都を離れたことは二二六頁で書いている。長州との停戦交渉で苦労したのに無視され帰府を命じられた勝海舟のことも併せて述べた。ともかく春嶽の政権返上論は慶応二年にも実現しなかった。しかし二年に拒否した慶喜が翌三年には大政奉還を願い出た。その直接の動機は、土佐藩の大政奉還建白である。これには薩土盟約が関わる。日を誤って記述された例もあるので詳述する。

薩土盟約

誤っている方を先に扱う。谷干城《かんじょう》の『慶応三年隈山詒謀録』では六月に結ばれた薩土盟約に危惧を感じた乾（板垣）退助や谷らが、薩摩の小松帯刀らと裏密約を結ぶ。土佐の中心は乾で、これを結んだ後で老公に先んじて土佐へ帰ると谷は続ける。無茶苦茶な話で老公山内容堂が京都を離れたのが五月二十七日（谷は五月二十八日と書いているが間違いなく五月であることが重要）、六月に結ばれた薩土盟約に危惧を覚えた裏密約が五月に成立する筈はないのである。ところが、この谷の話を鵜呑みにする研究者があり、幾重にも保険を掛ける薩摩の用心深さを称揚する人もいる。

更に面倒なことに、いわゆる薩土盟約とは全く別の薩土の談合が五月二十一日に薩摩の小松帯刀の屋敷で開催された。土佐からは乾退助や中岡慎太郎が出ており、六月の薩土盟約よりは武力討幕色が濃い。これと別に谷が語る会合があったことは知られていない。『慶応三年隈山詒謀録』で谷自身が出たと語る会合が六月の薩土盟約の裏条約だという混乱を起こしているのは管見の限り坂野潤治・大野健一『明治維新』（講談社現代新書・二〇一〇年、一二三頁）である。

六月に結ばれた薩土盟約に反対する五月の裏密約なるものは存在し得ないとまず指摘して先に進む。薩土盟約の会合が開かれたのは六月二十二日である。京都三本木の旗亭に薩摩の西郷隆盛、土佐の後藤象二郎らが会合。「浪士之巨魁」坂本龍馬と中岡慎太郎とは部屋の外に坐した（『寺村左膳日記』）。この日は談合だけで、文書は大政奉還建白が絡み芸州広島藩の参加もあっていささか複雑な経緯を辿るけれども、青山忠正『明治維新の言語と史料』（清文堂・二〇〇六年）口絵写真によれば六月二十七日付島津茂久宛久光書簡に添付されたとのことなので、遅くとも二十七日までには完成していなければならない。寺村左膳の日記では加筆して薩摩側に届けたのが二十六日であるから、それを大久保が写して島津久光に渡すこと可能。ただし同意の返事を土佐側にしたのは七月一日らしい。なお『海援隊日誌』（京都国立博物館）にも大綱と約定書が写され長岡謙吉の筆だと判定されている。前記したように六月二十二日の会合で坂本龍馬が室外に坐していたのだから長岡謙吉が書いても不思議ではない。薩土盟約とほとんど同文の大政奉還建白書を長岡が起草したのだという説もある。長岡関連で付言すると「船中八策」は龍馬自筆本も長岡自筆本も今のところ見つかっていない。

薩土盟約は四カ条の旨主（大綱）と、やや長い約定書とで構成される。大綱を示すと、

一　国体ヲ協正シ万世万国ニ亘リ不恥是第一義
一　王制復古ハ論ナシ宜ク宇内形勢ヲ参酌協正スヘシ
一　国ニ二帝ナシ家ニ二主ナシ政刑唯一君ニ帰スヘシ
一　将職ニ居リ政柄ヲ執ル是天地間アル可ラサルノ理也宜ク侯列ニ帰シ翼裁ヲ主トスヘシ
右方今ノ急務ニシテ天地間常有ノ大条理也心力ヲ協一シ斃テ後已ン何ソ成敗利鈍ヲ顧ルニ暇アランヤ
皇　慶応丁卯六月

である。約定書は長いので引用しない。

建白は高知で確定

問題は大政奉還建白である。

薩土盟約は在京の両藩幹部が合意すれば成立する。無論、国許へは報告しなければならないが、締結は京都で完結する。大政奉還建白はそうでない。在京土佐藩幹部は、これを在国の老公山内容堂に提案しなければならない。容堂が慶喜に建白するための素案なのである。しかし内容は薩土盟約と重なる。さきほどの「大綱」引用で見られる通り、盟約は幕府が政権を返上することが大前提なのだ。

大政奉還建白の発案や素案執筆の状況については寺村左膳の日記が頼りになる。左膳は六月十七日に後藤象二郎から大政奉還論を聞いた。在京土佐藩の同僚真辺栄三郎と福岡孝弟《たかちか》が一緒に聞き、三人とも感服した。後藤は長崎から上京、藩船夕顔には坂本龍馬や長岡謙吉が乗っていた。龍馬の「船中八策」が有名だが、先程少し触れたように龍馬自筆本も長岡謙吉自筆本も確認されていない。十一月の龍馬自筆「八義」が「新政府綱領八策」と命名されており（『坂本龍馬全集』）、この起草を六月とする人もいて紛わしい限りなのだが、ともかく在京土佐藩重役に大政奉還建白論を披露したのは後藤象二郎である。

後藤案は文章化されて薩摩藩に示される。薩摩側では小松帯刀が早くから賛成だった。しかし薩摩は建白のとき出兵するよう求める意見があり、後へ響く。芸州広島の辻将曹は面倒なことを言わない。辻が最後まで後藤につきあうのを後で見る。

後藤や寺村は、藩船空蟬で高知に帰り容堂に報告した。容堂が提案を承認したのが七月十三日である。更に審議が行われ藩議が確定したのは八月二十日。薩摩が要求していた出兵は、しない。「出兵せず」と決まった。薩摩との摩擦は避けられないのだが、この案件を後藤象二郎と寺村左膳が引続き担当する。二人と真辺栄三郎は九月二日大坂着で、たまたま相撲見物に行く西郷隆盛と逢う。三日に改めて西郷（このとき大坂詰）と面会し、軍隊を連れていないことを咎められた。大坂では決着せず、議論の場は京都に移る。真辺は大坂に残り、夜船に乗った後藤と寺村は四日に京都河原町の藩邸に着いた。

九月七日、後藤象二郎は小松帯刀の屋敷へ行った。七日付の西郷隆盛書簡（大坂で書いたもの、大久保利通宛『西郷隆盛全集』第二巻、大久保利謙所蔵文書）があり、薩摩側の出席者に疑問。しかし管見の限り諸研究みな『寺村左膳日記』・同手記により西郷隆盛出席で一致。その点に問題があるのだが、薩摩が挙兵討幕を急ぐ様子に土佐は愕然。

在京の薩摩藩幹部は武力討幕に傾き薩土盟約は破棄される。土佐の大政奉還建白は高知で決まっているのだから薩摩と関係なく提出すれば良いのだが、そうも行かないようで了解を獲得する努力が続けられる。小松帯刀が妥協的である。

薩土芸の一角だった広島藩がグラグラしており、辻将曹は後藤象二郎に協調的な場面も見られる。在京幕府若年寄格の永井尚志（主水正→玄蕃頭）が後藤を呼出して建白を促す。土佐としては応ずればよいのだが、薩摩の了解が必要という姿勢を崩すことができないのは歯痒《はがゆ》いほどである。

建白提出

出しても構わぬと薩摩が土佐に書面で告げたのは十月二日である。小松帯刀が手紙を送った。口頭では九月末に返事したらしいのだが、誰が何日にと確定するのは難しい。

土佐は翌三日、建白書を老中板倉伊賀守勝静に提出した。五日には後藤象二郎が永井玄蕃頭《げんばのかみ》へ行き経緯の詳細を話した。そのことを日記に書いた寺村左膳は、同日発で帰国し山内容堂に報告する。

永井玄蕃は大政奉還に積極的である。奉還派との人的つながりも多い。板倉伊賀は、永井ほどではない。消極的だったと感じられる。慶喜自身はどのように考えていたのか。後年の慶喜は、昔夢会第十六で「余が「政権返上」の意を決したるは早くよりのことなれど……」と語る。だが第十六は速記を止めた後の要約筆記なので「早くより」が何時からなのか、当人がどのように自覚していたのか不明である。「公はいつも「政権返上」と仰せらる」との注記は面白いのだが。

二　上表

慶喜の記憶

速記のある昔夢会十一回や十二回で慶喜は、慶応二年段階で大政奉還を考えていたかのような紛らわしい発言を行う。慶喜の記憶がそのように変形しており、渋沢栄一には追及する力がない。細かい事実を知る江間政発《せいはつ》と慶喜とは親密、しかし激突もすることを『還暦以後』（筑摩書房・二〇〇二年、ちくま文庫・二〇〇六年）の二十七・二十八で詳述した。

宗家相続予定者（家茂発喪前）に将軍の名代として長州に攻込むと決め、それを撤回するとき、松平春嶽の政権返上構想を受け入れる振りをして見せたことは事実である。それと翌年の大政奉還とが、昔夢会のときは混乱していた。だから慶応三年の慶喜は、何時から大政奉還をする気になったのか、改めて考えて見なければなるまい。

京都永住構想

オランダ帰りで慶喜の手許にいた西周助（周《あまね》）が妻を京都へ呼び書籍も全部送れと指示したのが八月である（川嶋保良『西周夫人升子の日記』青蛙房・二〇〇一年）。永住の構えである。慶喜に江戸へ戻るとの選択肢がなかったと窺える。政権の性格を変更した上で中心を江戸から京都へ移す構想が想像できるのではないか。西が「議題草案」を完結するのは大政奉還後の十一月だが、その腹案は遅くとも妻を書籍と共に呼んだ八月には固まっており、政権構想を慶喜と共有していた。若年寄格となった永井玄蕃頭尚志も九月には妻や養子、家来二十余人を京都に呼んでおり（高村直助『永井尚志』ミネルヴァ書房・二〇一五年）、慶喜腹心の家臣が京都永住の構えで共通する。

土佐藩が大政奉還建白に動いているというのを慶喜や西周助が知ったのは何時か、土佐藩の在京幹部が大政奉還建白案を共有したのは六月十七日である。二十日には薩摩の小松帯刀が賛成し二十二日に土佐と薩摩の会合が開かれた。これが薩土盟約に発展するのだが、大政奉還建白の話も同時進行。薩摩は付いたり離れたり。芸州は辻将曹が土佐に賛成である。六月に始まる話を幕府側は何時知るのか。後藤象二郎が山内容堂に報告するため離京するのが七月四日。その前日に永井と会うのだが、後藤は話さなかった（高村同前書）。しかし何かあると永井は察していたと思われる。戻って来た後藤と九月二十日に面会した時には、建白を早く出せと催促するのである。このときには慶喜の腹は完全に固まっていたと見なければなるまい。

決意表明

慶喜が在京の幕臣を二条城に集めて政権返上の決意を述べたのは十月十二日で、その場では誰も異を唱えなかったが、実は「夜半まで」紛糾したらしい。翌日付の後藤宛永井書簡を渋沢栄一

『徳川慶喜公伝』（四）が引用する。

その十三日には在京諸藩の重臣五十人ほどが二条城に集められた。老中板倉伊賀が大政奉還上表の案文と思われるものを回覧させ、また白紙を回して希望者が名前を記せば慶喜が面会して意見を聴くと告げた。六人が記名した。薩摩一人、土佐二人、安芸一人、宇和島一人、備前岡山一人である。このうち薩土芸の四人は一緒にと願って認められた。小松帯刀（薩）、後藤象二郎・福岡藤次《とうじ》（孝弟）（土）、辻将曹（芸）。四人が並び、松平越中守定敬（所司代）、板倉、永井の三人が陪席するところへ奥から慶喜が出て来る。所司代の松平越中は桑名藩主で家格が高く、老中より上座である。この場面は昔夢会筆記十二（明治四十四年四月六日）で、元桑名藩の江間政発が亡主定敬の記憶に従って画いた配置図を披露するので良く知られている。その図を慶喜が自分の記憶によって訂正した。

上奏と勅許、討幕密勅

小松帯刀は、大政奉還の上表を直ぐに提出せよと主張した。慶喜や板倉・永井らは、なお幕府内で検討（江戸とも相談、親藩・譜代にも諮詢）してという心積もりだったらしいのだが、武力討幕計画の進行を知る小松帯刀の強い主張が通る、翌十四日に上奏、即日受理された。

決断できない摂政を小松ら四人が説得して受理させた。ここでも小松帯刀の役割が光る。十五日には慶喜が参内し勅許を受けた。

大政奉還上表の日、所謂《いわゆる》「討幕の密勅」が出ている。小松帯刀は密勅の請書を書いた六人の一人である。小松を含む薩摩の三人は、出兵を促すために帰国する。その船に三条実美の家臣尾崎三郎が便乗した。太宰府に流されている三条に大政奉還のことを報告するためである。尾崎は船中で密勅を見せられた。尾崎は京都で坂本龍馬と同宿していた。大政奉還を喜ぶ龍馬に「新官制議定書」なるものを書いて見せた。尾崎（戸田雅楽）が後年に何種類もの記録を残すので紛らわしいのだが、慶喜を中心に政権を組立てる案もあった。横井小楠の名前は出ているが、龍馬はいたりいなかったり。

船中で密勅を見せられても、教えに戻ることはできない。龍馬は密勅のことは知らないまま福井に三岡八郎（由利公正）を財政担当者として引出す工作に行くなど、大政奉還後の新政権を組立てる努力の最中に暗殺された。その直前に「○○○自ラ盟主ト為リ」なる文言を含む「八義」を書く。これは自筆文書が二枚残っているので複数枚を記したのだと思われる。○○○には「慶喜公」説や「容堂公」説があるのだが、決めていたのなら伏せる必要はない。決めかねる気持があり、受取った者が随意に入れて読めと○○○にしたのではないか。慶喜には新政権を作る主導権を取難い。誰かが上手に言いだしてくれる必要がある。その辺りの微妙さが○○○となる。龍馬を斬ったのは旧幕府見廻組だが、新政権誕生へ向けての彼の重要さを理解できていなかった。

小松帯刀上京せず

龍馬暗殺は十一月十五日、いわゆる王制復古クーデタが十二月九日。後藤象二郎が京都へ出て来たのは十一月二十一日だが、約束に反して小松帯刀が現われなかったので、薩摩の動きを阻止する力が弱い。クーデタ計画に日延べを求めるのが精一杯だった。慶喜も事前に報されたが静観するしかなかった。京都に出て来た松平春嶽も動けない。後藤に来邸を求めたり慶喜に通報したり。ただし春嶽はクーデタの小御所会議に呼ばれるのだが。

慶喜は大坂まで下った。

三　江戸開戦から鳥羽・伏見戦争へ

摂海に開陽

右の経緯を少し広く詳しく見ることにする。重複感は御容赦。江戸で小栗上野介忠順が横浜のロバートソンに書簡して、パリにいる山高石見守に二万ドル渡るよう手配してくれと依頼したのは、請求を知ってから二カ月近くが経過した十月二十二日である。慶喜大政奉還の報が江戸に届いたよりも後だった（電報のことは二四二頁に既述）。

慶喜大政奉還の報が江戸に届くと、海軍総裁稲葉兵部大輔正巳と陸軍総裁松平縫殿頭（大給乗謨）が海路西上、入京したけれども慶喜から帰れと言われた。二人が大坂まで下ったのをアーネスト・サトウが望見する。薩摩討幕派寄りのサトウは、幕府が京都に人を集めて会議を開いたのかと疑った。そんなことはやっていないのだが、和暦十二月七日（一八六八年一月一日）の大坂開市・兵庫開港は、幕府の責任で実施するつもりだった。治安維持も幕府の責任である。既に開陽が摂海に来て見張っていた。大坂も兵庫も摂津国である。外国奉行で大坂町奉行を兼ねた柴田日向守剛中《たけなか》が、更に兵庫奉行を兼ねた。摂津国と摂海という大枠の中に大坂の町と兵庫の港があり、一人の奉行が兼ねること奇異ではない。

開陽艦長の榎本武揚は十一月二日から十二日まで京都だったことが同十四日付の母宛書簡で解る。これがおそらく一度目の離艦上京で、二度目は十二月朔から十一日までだった。十三日に開陽丸に戻り、翌十四日付の勝海舟宛と、母・姉・妻宛とがある。

海舟には、それより早く矢田堀讃岐からの手紙が届いた。海舟は日記の十二月六日に、十一月晦日付の矢田堀書簡を記録する。兵庫・大坂に薩摩や安芸、また長州の艦船が兵員を運んで来ている様子を報じてきた。坂本龍馬が京都で暗殺されたことも、海舟はこの手紙で知ったのだと思われる。

矢田堀が十一月晦日付の海舟宛書簡を書いたとき、榎本は開陽丸を離れて二度目の上京途中。十二月朔、京都に着いた。王政復古クーデタの九日には二条城に呼出されて慶喜面前の会議が夜中まで続いたと、これは十四日付の母・姉・妻宛書簡にある。同日の海舟宛では、土佐の大政奉還建白まで遡って書いているため細部に不足があるけれども、王政復古後の政体と徳川不遇については不満を述べた。十四日開陽丸の榎本は、慶喜十三日大坂城着を未だ知らない。

大坂城の慶喜は、求められて十六日に外交団を引見し、自分が条約を守る責任の地位にあると断言した。この会見の主導権をめぐってパークスとロッシュが争ったが、この二人は政治的に対立するけれども、慶喜個人に対する評価は高い。しかしプロシア横浜駐在領事M・V・ブラントは初めて見た慶喜を「平凡な人物」と判定し没落は必至だと本国に報告した（『ドイツ公使の見た明治維新』一二一頁）。そのブラントも慶喜の声明は細かく引用する。

大坂城の慶喜と春嶽

条約を守る責任という発言は京都に成立した新政権に対する慶喜の反逆である。老中板倉伊賀守勝静は江戸の海陸軍総裁に宛て、アメリカから軍艦が届いたらフランス人陸軍教師の半分を乗せて大坂に寄越せと書いた。慶喜の指示だという。兵力は十分だが戦争指揮の能力が不足だと自覚していたのである。この弱点が鳥羽・伏見で露呈した。

戦争の用意はしておく。しかし新政権に参加する道も閉ざしてはならない。京都では松平春嶽や山内容堂、その家臣らの奮闘で、慶喜を他の大きな大名と同等に処遇する方向が見えてきた。春嶽と容堂が新政府の外交権について署名を拒否するという事件も起こった。慶喜に融和的な御沙汰書を持って春嶽と尾張の徳川慶勝とが下坂したのは十二月二十六日である。慶勝は宿で休み家老の成瀬隼人正に代理させたが、春嶽は大坂城に登り慶喜と面談した。越前福井藩系統の記録には、慶喜が感激と出る。

しかし慶喜は複雑である。遥か後年のことになるが、速記者のついた席で慶喜は、春嶽が大坂城に来なかったと断言した。最後の所司代松平越中守定敬の家臣だった江間政発が「わざ〱護衛まで御付け下すつて漸く使命だけを達し。尾州は参りませなんだが、春嶽侯は確に参つて居りますのです」と説いたが、慶喜は「来た覚がない。又春嶽に何か用事があつたか、それも一向覚はない。来たことは覚ゑない」。

この日（一九一一〔明治四十四〕年四月六日）の昔夢会は、大政奉還のことが大きな話題である。慶応三年十月十三日の二条城で慶喜は、諸藩重臣中の希望者に拝謁と質問を許した。昔夢会では、小松帯刀や後藤象二郎ら薩土芸の四人が慶喜の前に坐している人名図が提示された。江間政発が故松平定敬の記憶に従って人物を配置したものである。定敬や板倉勝静が横に並ぶ。それを慶喜は自分の記憶で訂正した（ここまでは二五六頁に前記）。そのときは上機嫌である。しかし春嶽の話が出ると雰囲気は険悪となった。慶喜は右のように強く否定しただけでは足りず、速記録の上に「大坂にて尾越両侯に逢ひたる覚なし」と書足した。

渋沢栄一著『徳川慶喜公伝』は、史料があるかぎりそれを採用し、慶喜晩年の主張を捨てた。立派なものである。「二十六日大蔵大輔着坂登城しければ公は直に謁を賜ふ。板倉伊賀守松平豊前守永井玄蕃頭侍坐せり。大蔵大輔廷議の模様など詳に言上に及びければ公いたく感激せられ「斯くまでも時機到来せるからには会桑以下には如何やうにも説諭を加へ御請も品よく申上げ上洛をもなすべし」と仰せられしかば大蔵大輔も打喜びて退出せり」。「大蔵大輔」は春嶽の此の時の官称、大坂まで来たが登城しなかった徳川慶勝は「尾張大納言」である。その名代として二十六日に登城したのは家老の成瀬隼人正。慶喜は二十八日に改めて「大蔵大輔隼人正を城中に召して」請書を伊賀守に渡させ、更に大蔵大輔を病床に引見して、両人（慶勝と春嶽）が好都合を保証して寄越せば上京すると約束した。

討薩表

これが十二月の二十六日と二十八日。江戸では、その前の二十五日に、幕府側が薩摩藩の三田藩邸を焼打した。これで江戸では幕府と薩摩藩が開戦したことになる。即日、大目付の瀧川播磨守具挙《ともたか》らが上坂するのだが、どの船で何時《いつ》大坂についたか、公伝も明快でない。「十二月二十八日に至りて、薩邸焼討の飛報は忽如として江戸より達す。此報を齎したるは大目付瀧川播磨守具挙　勘定奉行並小野内膳正なるが……」と書くのだが、どの船で来たのかを記さない。これについての論著各氏さまざまだけれども、管見の限りでは船と人物に整合性のあるものがない。二十八日着が間違いなければ船は順動丸だが、これに瀧川と小野と断定したものが意外になく、更に上位の高官が乗っていたりする。

また二十八日着だと松平春嶽が大坂にいるため、福井系統の記録になぜ瀧川播磨来着が出ないのかという問題を解決しなければならない。

春嶽は二十六日から二十九日まで足掛け四日滞坂した。二十九日にはアメリカ公使ファン・ファルケンブルグが慶喜に拝謁するのに同席した。遅くともその日には江戸の事件が大坂に届く。それなのに福井系統の記録は瀧川播磨到坂を記さず、春嶽が知らないまま帰京し慶喜の感謝を公卿に伝えるという話に仕立てた。中根雪江の『丁卯日記』は大目付瀧川播磨の大坂着が晦日（大の月で三十日）だったと「私に聞く」と書加える。触れずに済ますこともできないので胡麻化したのであろうか。これを典拠に大坂が知るのを三十日とする説は採らない。遅くとも二十九日には届き、討薩表の起草が始まったのは確かだと思われる。

薩摩とは戦争状態に入ったが、慶喜を上京させて政権に加えるという話が消えたわけではない。それなのに、統率できる有能な指揮官を持たない大軍を京都へ向わせたのは、慶喜の大失敗であった。

晦日の京都には、二十五日の江戸の事件が様々のルートから届いており、春嶽が大坂で努力したことは、実は無に帰していた。それを中根雪江は全く書かない。春嶽は参朝して中山前大納言に大坂での「成果」を報告した。中根は、それのみを記録する。春嶽が晦日付で板倉伊賀守・松平豊前守両人宛に京都御所での件を報じた書簡、それを中根は全文引用した。春嶽は二老中に宛て、中山卿が明日の元日には総裁宮有栖《ありす》川《がわ》熾仁《たるひと》と相談して奏聞に及ぶ筈だと書いている。

明ければ慶応四年（明治元年）の元旦、京都では岩倉具視《ともみ》が中根雪江を呼出して大坂の様子を尋ねた。このときも中根は大坂に届いた江戸の薩摩藩邸焼打のことには全く触れない。岩倉は薩摩の姿勢が固いのをもてあましているのだが、自身は慶喜に対し融和的で、上京させる方途を探り中根の知恵を求めるのである。中根は藩邸に戻り相談。話は上京した場合の処遇につき、慶喜が安心できる書面の確保に向った。

指揮官不在の大軍

右は平和的上京の話である。しかし元日の大坂は武装上京で固まっていた。慶喜自身が行くのではない。老中格松平豊前守（上総《かずさ》大多喜藩主大河内正質《まさただ》）を総督とする大軍が上京して薩摩を討つというのである。慶喜は討薩表を大目付瀧川播磨守に持たせて軍と共に行かせ、在京の戸田大和守（下野《しもつけ》高徳藩主間瀬和三郎忠至《ただゆき》、若年寄・山陵奉行、更に新政府の参与）がそれを受取り三日に朝廷へ提出という手順だった。しかし、そのようには、はこばない。

軍隊が出発したのは二日である。大軍だから船は一部のみ、ほとんどは陸路だった。淀で二手に分かれ、直進すると鳥羽街道、東に迂回気味に行くと伏見の町に入る。

松平豊前は淀に留まり、軍を指揮する前線の最高司令官、若年寄並陸軍奉行竹中丹波守重固は、伏見に向った。鳥羽街道を進む幕府軍は陸軍奉行並大久保主膳正忠恕の配下である。しかし大久保主膳は前年十二月に京都町奉行から転じたばかりで、兵事の専門家ではない。この軍に前記

「討薩表」持参の大目付瀧川播磨守が騎馬で同行した。

鳥羽街道の指揮官は軍事未経験。まがりなりにも専門家である陸軍奉行は伏見へ行く。この齟齬が幕府軍の運命を決した。薩摩軍が鳥羽街道で、必ず発砲開戦すると決意し、一本道の行手を遮る。街道が鳥羽離宮へ入る東西の道に当ってT字形（北進者はTを左折して橋を渡る）になっているところへ砲列を敷いて待ち構えていた。

瀧川播磨はT字形の南四百メートル程のところで薩摩兵に押し止められた。砲車を先頭とする幕府軍も長い縦隊のまま停止した。瀧川は平和的に通りたいと交渉したが薩摩側は聞入れない。暗くなり問答を打ち切って瀧川は前進を決断。しかしT字形のところから発射した薩摩の砲弾が幕府軍先頭の砲車に当たる。驚いた瀧川の馬が棒立ちとなり主人を振り落して隊列を走り抜けた。薩摩側は砲撃を続ける。

幕府軍は乱れた列を建直して反撃体制に入ったが、多数の兵力を有効に展開することができず、押され気味。薩摩の砲撃により中堅指揮官クラスの死者が出たのも痛手だった。

鳥羽の砲声が聞こえて、伏見でも戦闘が開始された。幕府側の拠点は伏見奉行所である。道を隔てて北側の御香宮に薩摩と長州の前進基地があった。御香宮から伏見奉行所めがけて銃砲が発射され、肉弾白刃突撃の新選組や会津兵がバタバタと倒れる。

伏見には薩長だけでなく土佐の軍もいた。土佐には戦意がない。おそらくそのためだろう、竹田街道がガラ空きだった。幕府側の一部隊（会津兵らしい）が、竹田街道を北進し始める。直進すれば京都の町に入るのだ。そのまま進めさせ幕府直属軍が続くべきだった。ところが伏見にいた筈の竹中丹波守は何も命令を下さない。

正月三日、伏見の幕府軍は敗退し淀に引き上げた。四日の薩長軍は鳥羽街道に向かうことができる。態勢を建直して健闘し始めた鳥羽街道の幕府軍が横から攻められて苦況に陥った。三日の伏見では戦わなかった土佐の兵も四日には鳥羽に来て、幕府軍を阻止する京都勢は横に拡がる。

薩長側が仁和寺宮嘉彰《よしあき》親王を征討大将軍に担いだのも四日である。宮や参謀は錦旗と共に東寺まで来た。五日には錦旗が淀小橋まで進む。幕府軍は淀城を使うことを断られた。城主は老中で国内事務総裁だが、城を預かる重臣たちは幕府軍に賭けなかった。幕府軍は淀大橋を渡った後で破壊した。南岸で敵の渡河を攻撃すれば有利なのだが、幕府軍にその判断をする指揮官がおらず八幡・橋本まで下ってしまう。六日には淀川対岸の山崎を守る津藩藤堂家の大砲が幕府軍を撃った。幕府側の大軍は敗走を続け、先頭は六日の裡に大坂城に達する。

開陽で東帰

その六日の夜、徳川慶喜が城を脱出し、海へ向かう。老中酒井雅楽と板倉伊賀、京都守護職松平肥後、所司代松平越中らを伴った。

摂津の海は開陽丸を旗艦とする幕府の小艦隊が制していた。米船イロクォイ号経由で慶喜が開陽丸に乗込んだとき、艦隊司令官兼艦長の矢田堀讃岐守鴻も事実上の艦長だった榎本武揚も上陸中で不在。東帰を命ぜられた副長の伴太郎左衛門は抵抗したが押切られ、矢田堀や榎本の帰艦を待たず江戸へ向う。品川着が十一日の午後「五時」。浜御殿に移っていた海軍所に上陸したのは十二日朝だった。日や細かい事実に混乱があるけれども、呼ばれて慶喜を詰った場面の海舟談が知られる。海舟はこのとき、あとは自分に任されたのだと判断した。

四　江戸開城

若年寄支配体制

将軍として江戸城に居ることのなかった慶喜が「還御」だと諸記録が筆を揃えるのが可笑しい。ただし海舟は書かない。彼は海軍奉行並（十七日）を経て二十三日には若年寄陸軍総裁に任命された。若年寄は固辞する。それで二十四日に「席之儀は若年寄次席」との書付が出たようだ。旧幕府は老中総裁支配体制を放棄した。若年寄体制に切替える。大名を外し旗本で運営する。海舟は若年寄を辞退して旧幕府徳川家を運営する一員には加わらなかった。「首相格」だと誤解する向きがあるので一言。首相でも最高幹部でもない。

若年寄と総裁の関係を略図にすれば左のようになる。

若年寄
浅野美作守氏祐
平山図書頭敬忠
川勝備後守広運
永井玄蕃頭尚志

	総裁	副総裁
陸軍	勝安房守義邦	藤沢志摩守次謙
海軍	矢田堀讃岐守鴻	榎本和泉守武揚
会計	大久保一翁	成島大隅守弘
外国事務	山口駿河守直毅	河津伊豆守祐邦

若年寄の平山と永井は二月九日に罷免される。その前日（二月八日）に大久保一翁が若年寄に昇り「国内事務取扱」を兼務。勝安房守は「軍事取扱」という陸海軍を束ねる地位に転じたが（二月下旬）、それでも若年寄（参政）にはならなかった。

慶喜は二月十二日、東叡山寛永寺大慈院に屏居《へいきょ》。同日、側衆の服部筑前守常純《つねずみ》が若年寄に昇進。若年寄支配体制が補強された。勝安房の「軍事取扱」二月下旬は、誰が何日に任命したのか判然としない。当人の日記は例により当てにならず、他はみな伝聞で、任命を直に記録したものを見ない。しかし有名な西郷隆盛との江戸開城談判のとき勝の資格は軍事取扱だった。また東進する征討軍を潜り抜けて江戸へ往復する福井藩の家老本多修理の日記には、軍事取扱の勝安房が怒る場面がある。勝が出した軍隊を若年寄が撤退させた。若年寄でも許せないと勝が言うのを本多は江戸城内で聞いた（三月六日）。

本多修理はいったん江戸を出たのだが京都からの急使による指示で再度入り、旧幕府の京都や征討大総督への謝罪について引続き助言し記録する。この三月六日の江戸城では勝から「今日薩人ニモタセテ大島と海枝へ手紙ヲヤッタ」と聞いた。「大島」は西郷隆盛。山岡鉄舟と益満《ますみつ》休之助を此の日に出発させたのである。益満が薩人だが山岡鉄舟は徳川の家臣。他の使者は役に立たず山岡だけが西郷から降伏条件を受取り持ち帰ったことはよく知られている。ただし受取った日および持ち帰った日の通説が間違っているのは筑摩書房刊の前掲拙著と『ちくま』（四六八号）で指摘した。

本多修理は別れの挨拶のために江戸城へ行き勝から「御カサント御祖母様ノコトハ安房ガ守ルト云テクタサレ」とも聞かされた。帰路で西郷隆盛に逢ったら和宮と天璋院は自分が守ると伝えてくれという意味である。「皇国ノ乱トナレハ互ニ賊トナルノシヤ」に「御カサン……」が続く。しかし本多修理は十日、西郷には逢わず駿府を通過した。この日、山岡鉄舟が西郷から降伏条件を受取り、十二日に江戸城へ持ち帰った。福井藩江戸藩邸はそれを知り京都へ急報する（前掲拙文）。

無血開城談判と開城

江戸城では降伏条件への対案を作りはじめた。それに手間取る。十三日の勝・西郷談判一日目には、まだ対案が出来ていなかった。

会談二日目の十四日、勝は対案を持参した。ここで山岡が持ち帰った降伏条件と大久保一翁らが作った対案との違いを略述する。

第一条は慶喜を備前藩で預かる。山岡が西郷に抗議して考慮すると約束させたが、変更したわけではない。これに対して対案は水戸で謹慎である。

第二条は城明け渡し。対案は城を田安に預ける。

第三条軍艦没収、第四条武器没収。対案は軍艦武器とも徳川が全て取収めおき処遇が決まれば石高相当を手許に置き残りを引渡す。

第五条は城内住居の家臣は向島に移すだが、対案は「城外に移す」。

第六条は「慶喜妄挙」を助けた家臣の厳罰で、対案は寛典。

第七条は暴挙に及ぶものがあれば「官軍」が鎮圧。対案は暴挙に及ぶものが手に余った場合には官軍に鎮圧を願出る。対案は自分らで収めるのだ。

差は大きかった。特に三条四条の違いが著しい。これでは話にならないと西郷が言えば交渉は決裂、翌日は総攻撃である。しかし西郷は明日の総攻撃を延期すると決断。京都まで相談に戻る。全権を委ねられていた大総督府でも扱いきれず「勅裁」を仰ぐ形となった。

西郷を迎えた京都で、まず慶喜を極刑にしないことが決まる。したがって家臣の死刑もない。徳川の希望通り「寛典」である。ただし大名は別とされ、これには会津・桑名両藩主の首を軍門に掲げるとの含みが込められた。

江戸城を田安に預けるのは拒否されたが、誰にするかは総督府に任された。総督府が尾張と決めたため徳川の疑心暗鬼を招く。

軍艦と武器は、いったん全部を接収し、石高が決まったら相当分を返すことになった。これで徳川本家は大名として存続する。「石高」と軍艦武器返却にはそのような意味がある。存続させると京都で決めたのだ。ただし石高は未定で、決定に加わった人々の思惑も様々だ。

旧幕府徳川家が通告を受けたのは四月四日である。東海道先鋒総督の橋本実梁《さねやな》が江戸城に入り、対案への回答を「勅諚」として伝えた。徳川方は田安慶頼・一橋茂栄《もちはる》、それに若年寄集団である。勝安房は出ていない。江戸総攻撃を延期させたところで「軍事取扱」の役割はいったん終わった。談判成功を付添った目付に託して急報した「参政衆」（若年寄が「参政」）宛書簡が残る。

四月四日に伝達された「勅諚」の実行期限は四月十一日だった。田安慶頼は慶喜の意向を確かめた上で七日に勅諚を奉ずるとの書面を先鋒総督府に届けた。

ところが翌八日に大久保一翁が慶喜に呼ばれた。勝安房と共に先鋒総督府参謀に談じて旧幕府陸海軍の不満などを打開せよという指示である。九日朝には勝のところへ陸海軍からの要望書が届いた。一翁が来て共に検討する。城を尾張に預けるのは反対、軍艦と武器をいったん取上げられることにも反対。尾張の元千代が徳川宗家を相続するのにも反対というのだった。一翁と安房が先鋒総督府のある池上本門寺に行くと、参謀の海江田信義と木梨精一郎が応接する。

元千代の相続という危惧はあっさりと否定された。城を尾張に預けるというのが疑惑の元だから変更を考慮する。結局は大総督府の居城となるので邪推した分だけ損をした。預けたのなら帰ってくるが大総督が入るとそのままである。大名として存続することを認められたのに徳川家は城を失った。

軍艦と武器は難問である。二人は正面から攻めるのは避けて紛れを求める作戦に出た。軍艦については戦闘艦と輸送船に分ける。開陽丸のような特注はともかく、他の多くは元が商船だから軍艦として働いたことがない。接収を避ける理屈が立つ。武器は、それを持つ兵士ごと提出したいと論じた。これなら兵営を見せるだけで済ますことができるかもしれない。

先鋒総督参謀は即答は避けたが、おそらく大総督参謀の西郷隆盛とも相談した上で、一翁と安房の希望を受け入れた。しかし旧幕府軍の方が二人の妥協案を受けつけない。軍艦は海軍副総裁榎本武揚の指揮で全艦が館山沖へ脱走した。十一日の夜である。四月十一日は、無血開城（江戸城明渡し）という歴史的な大事件の日なのだが、軍艦は一隻も引渡すことができなかった。

陸軍は城明渡しの前から小部隊の脱走がつづいていた。十一日には歩兵奉行の大鳥圭介が動き、やがて二千人の大軍が集まる。その大部分は日光を目指して北上を始めた。東山道先鋒総督府の軍と宇都宮を巡る戦闘で、旧幕府軍が勝つ場面もある。

東山道総督府の軍は甲府を東に進んだところで新選組を撃破した。また後日には土着していた小栗上野介忠順を斬ることになる。

小栗上野土着

小栗は慶喜東帰を「還御」と書いた一人である。徹底抗戦を主張していたが正月十五日に罷免される。老中酒井雅楽頭が申渡した（慶喜が直にではない）。小栗は二十八日に土着願いを提出する。同じ正月二十八日、内膳正になっていた小野友五郎が勘定奉行並を罷免された。この日、陸軍と勘定方の多数が罷免されたのだが、『徳川実記』は小野内膳についてだけ「思召有之」と特記する。慶喜の強い意向によったのである。これを受けて海舟は翌二十九日付で『慶応四戊辰日記』の序文を書いた。旧幕府のフランス派を批判するだけでなく、イギリスと結んだ（と判断した）西南諸侯を「今日大変に及ぶ」責任ありと見る。

小野内膳や勝安房は横道、いまは小栗上野介忠順の話である。土着願いが許可され、東征東山道軍の進路だから危険と引止める友人もあるのを振り切って上野国（「上州」と略称、群馬県）群馬郡権田村（現高崎市倉渕町権田）に向う。旗本小栗家まるごと支配の村だった。小栗一村支配の知行地では二番目に大きい。危険も少ないと思ったのだが、それは誤算。上野国の知行地が旧幕臣抵抗派にとって安全という保証は皆無だったと言ってよい。

前に小栗贔屓でも対馬ロシア軍艦滞留事件のときの出張を評価する人はないと思っていたら上垣外が現われたと書いた（一一一頁）。いまこの知行地居住で全面的に依拠している高橋敏『小栗上野介忠順と幕末維新』は対馬行きには触れず巻末参考文献にも上垣外の中公新書を挙げていない。小栗のアメリカ行きや文久の軍制改革兵賦のことは記述しても対馬は書かない。知行地行き前後の日記に登場する人物の一人として対馬に同行した溝口勝如の来訪で「「露艦対馬占拠事件」のときの正副使のコンビ」（一三八頁）と出るのみである。溝口は田安家家老になっていた。後には徳川宗家の執事として勝海舟と深く関わり旧幕臣救済の金を渡す（受取った海舟が困窮して訪れる人々に配る）役目が目立つ人である。

田安家老の溝口伊勢守が、知行地行きを決めた小栗上野介忠順に何を言ったか日記からは解らず、高橋も訪れた理由として「驚いたのか」（同前頁）と書くのみだった。また話が横に逸れるけれども、対馬行きに触れたがらない小栗贔屓の一人に高橋が列するので、上垣外の独自性が際立つのである。

高橋が活用する小栗上野介忠順の日記によれば、江戸発は二月二十八日である。この二月は大の月で晦日三十日に高崎泊り、翌三月朔日、目的地の群馬郡権田村に着いた。母や身重の妻、養子又一らを連れ、兵賦歩兵二十名は、知行高に応じて拠出した分を引上げたのだろうか。

権田村は既に博徒を含む一揆勢に包囲されていた。一家揃い大荷物を抱えての移動が暴徒を呼込んだのである。権田村としては迷惑なのだが強壮の者を百人ほども動員して小栗に協力した。二月四日の戦闘は小栗側の勝利で一人の死者も出さず。しかし農家が何軒か焼かれた。何よりも戦闘があったことを東征軍に知られるのが致命的なのだが、そこまでは見通せなかった。

小栗は小高い丘を切開いて家を建て始める。東征軍の東山道総督府が高崎に陣し、上州の譜代小藩が、みな帰服したという環境下での着工であった。小栗が城を造ると疑われても仕方がない。建築が本格的となる時期の四月二十二日、総督府は高崎・安中・吉井の三藩に小栗の逮捕を命じた。三藩の者が逮捕命令を示し、それを小栗が日記に写しとったのは閏四月一日である。命令書の日付は四月二十二日だった。

小栗処刑、川路聖謨、水野癡雲死去

三藩の者は閏四月一日、養嗣子又一を人質にとって引上げた。小栗が逮捕されるのは五日、斬られたのは六日である。その前に家族を会津に向けて逃した。ただし人質となっていた養嗣子の又一は七日に斬られたが。

小栗上野介忠順が斬られた閏四月六日、降伏条件への反対提案を扱いかねた西郷隆盛は京都まで戻っている。前記したように京都で慶喜助命と家臣極刑無し、徳川宗家大名として存続が決まった。小栗が江戸にいれば、開城前後の騒動に巻き込まれるのは避けられなかったろうが、東征軍に斬られることはない。

小栗と同じく抵抗派だった水野癡雲は七月九日に憤死した。十一日に無血開城の立役者勝海舟のところへ水野甲一郎が現われて癡雲一昨日死去を伝え金七十五両を預けた。これは本当に預けただけらしく、返してくれと言われて海舟は用立てた先に手紙を書く。それとは別に後年の海舟は癡雲の遺書と日記を持っていた。日記を「毛利家編集人」に貸す（『海舟日記』明治二十二年二月十七日）。

東征軍による江戸総攻撃の予定日三月十五日にピストル自殺した川路聖謨にも触れておかなけ

ればなるまい。彼は中風の発作で何度も倒れて身体不自由だった。数えで六十八歳の高齢である。孫で歩兵頭並の太郎は英国留学中、実弟で勘定奉行兼帯の町奉行だった井上清直は前年の十二月二十五日に死去。江戸総攻撃を回避する動きを、どこまで知っていたか。

七月九日に憤死した水野癡雲（忠徳）とは嘉永六年・七年の長崎プチャーチン以来の長い因縁の仲だった。水野は川路がプチャーチンに違約する破目に陥ったことを気に懸け、安政四年の長崎出張でも、左衛門尉殿の約束があるからと日蘭追加条約（通商条約）に消極的、プチャーチンが現われて日露追加条約を同時に結ぶことになり救われたのだった。その川路が先にピストル自殺し、水野は閏四月を数えて約五カ月後に憤死した。川路については川田貞夫の遺著『川路聖謨』（吉川弘文館人物叢書・一九九七年）が著者死去後で分量を削れず叢書通常の倍の分量を文字を小さくして押込み詳しい。しかし嘉永六年末のプチャーチンとの交渉で他国条約と「均霑」保証には触れているが（二一四頁）、露国を最優先とする「約束」を与えたことは略された。水野はこの「約束」を重視し、違約となったことを憂え、安政四年の長崎出張でも川路左衛門尉殿の約束ありと拘ったのだった（本書五一一頁）。

徳川艦隊北行

開陽丸を初めとする艦隊が館山沖に脱出したところへ戻る。四月十一日深夜（いまふうには十二日未明）である。一艦も引渡すことができない。しかし総督府は忍耐強く待ち、大久保一翁や勝海舟の努力で品川まで戻った艦隊から、老朽気味の四隻を受取る。それも受領した軍艦で脱走の旧幕府軍を攻撃しないとの条件付だった。

大久保一翁が海舟に宛てて開陽丸を献上しようと提案する手紙が写本だけれども残る。海舟の返書は見当らないけれども、賛成しなかったのだろう。開陽は榎本らの手許に留まった。江戸湾（東京湾）一帯の制海権は開陽が持つ。宗家を継いだ田安亀之助の徳川家達《いえさと》が駿府に移るのを開陽に乗せたかったのだが陸路になった（八月九日東京発）。家達が駿府に行くと、徳川艦隊が東京湾に留まる理由が無くなる。駿府七十万石の石高相当分は駿河の海に浮かべることができるのだが、榎本等には行く気がなかった。彰義隊戦争（五月十五日）のとき逃げて来たものを収容、亀之助家達が去ったのを期に江戸東京を見捨て東北から北海道へと向かう。既に箱館は下見してあった。

おわりに

　江戸開城で徳川幕府は完全に終わった。そのときは何万石の大名になるのか決まっていなかったのだが、彰義隊の惨めな敗北で駿府七十万石と厳しい数値となる。それが見通せたから旧幕府幹部は担がれている公現法親王に建白するなど戦争阻止に努めた。若年寄服部筑前守常純は攻撃日の前夜、東叡山の山内に乗込んで説得。それを拒んだ彰義隊は五月十五日の一日で壊滅した。江戸で二百万石のような甘い期待を持つ者もいたのだが、七十万石では加賀はもちろん薩摩にも及ばない。尾張名古屋をほんの少し上回るだけである。御三家より少ないというわけには行かなかったのだなと思うと何となく可笑しい。

　宗家の帰趨を気にして松平春嶽は、家老の本多修理を京都から江戸に派遣した。江戸開城より前、勝海舟と西郷隆盛の談判より前である。越前福井藩の家老は東征軍の間を抜けて通行できる。

　本多の日記や福井藩江戸藩邸の記録は、幕府の最後を横から見る材料となる。春嶽は東征軍に兵を出さなかった。京都を動かず宗家や慶喜のことを心配し続ける。慶喜は家達よりも早く水戸から駿府に移り（七月二十三日海路清水湊着）宝台院に謹慎した。この時期には慶喜と春嶽の対立は目立たない。しかし長い時期を通して見ると春嶽が慶喜を嫌ったのに対応して慶喜も春嶽を嫌った。その最後の現われが昔夢会筆記への書込みである（二六一頁）。ただし春嶽は既に没していたが。

亀之助＝徳川家達は誰かに特に嫌われるということはなかった。英国に留学。貴族院議長を長く務めたが組閣の大命は固辞した（総理大臣にはならなかった）。参内《さんだい》拝辞は大正三年（一九一四）三月三十日である。

あとがき

たいへん長くかかった。筑摩書房の伊藤大五郎氏が来訪されたのは手許の記録によれば二〇一〇年の四月十三日である。「徳川幕末の人材と政局」と仮に題して書きはじめた。

心臓大動脈弁狭窄症で弁膜置換手術を受け、術後感染の疑惑での二度目の手術が身体全体へ響き白血球が増加し続けリンパ性白血病と診断されるところまで進んだ。

人工心肺を使って心臓をとめる手術の影響か、現代仮名遣い（新かな）が厭になり、歴史的仮名遣い（旧かな）で「はじめに」から新しく書いた。入稿に際し伊藤さんが新かなに改めてくださった。

将軍継嗣で一橋慶喜擁立に徹した松平春嶽が、その慶喜と対立することが多くなる。しかし慶喜将軍は有能、家茂将軍は無能である。本文中に家茂「無能」と明記していないので、ここに書いておく。

有能硬骨の水野忠徳（癡雲）が将軍取替を謀るらしいのが刺激的である。春嶽と癡雲の離反は、徳川幕末の損失だ。水野が人材であることは長崎奉行の実績など本文に詳しく述べた。資料が揃えば伝記を書いてみたい人物の一人である。

典拠文献や参考文献は本文中に詳しく書いたので巻末に独立させることまではしなかった。

人名索引

あ 行

か　行

さ　行

た 行

な　行

は　行

ま　行

や 行

ら 行

わ　行

松浦玲 まつうら・れい

一九三一年広島県生まれ。京都大学放学処分。立命館大学大学院修了。京都市史編纂所主幹、桃山学院大学教授などを経て、現在著述業。専門は日本近代の政治史、政治思想史。著書に、『徳川慶喜〈増補版〉』（中公新書）、『幕末・京大坂 歴史の旅』（朝日選書）、『新選組』『坂本龍馬』『勝海舟と西郷隆盛』（以上、岩波新書）、『勝海舟』（筑摩書房）、『還暦以後』（ちくま文庫）、『横井小楠』（ちくま学芸文庫）他多数がある。

筑摩選書 0188

徳川《とくがわ》の幕末《ばくまつ》 人材《じんざい》と政局《せいきょく》

二〇二〇年四月一五日 初版第一刷発行

著者 松浦玲《まつうられい》

発行者 喜入冬子

発行所 株式会社筑摩書房
東京都台東区蔵前二-五-三 郵便番号 一一一-八七五五
電話番号 〇三-五六八七-二六〇一（代表）

装幀者 神田昇和

印刷製本 中央精版印刷株式会社

ISBN978-4-480-01692-8 C0321

筑摩選書
0001

武道的思考

内田 樹

武道は学ぶ人を深い困惑のうちに叩きこむ。あらゆる術は「謎」をはらむがゆえに生産的なのである。今こそわれわれが武道に参照すべき「よく生きる」ためのヒント。

筑摩選書
0002

江戸絵画の不都合な真実

狩野博幸

近世絵画にはまだまだ謎が潜んでいる。若冲、芦雪、写楽など、作品を虚心に見つめ、文献資料を丹念に読み解くことで、これまで見逃されてきた〝真実〟を掘り起こす。

筑摩選書
0003

荘子と遊ぶ

禅的思考の源流へ

玄侑宗久

『荘子』はすこぶる面白い。読んでいると「常識」という桎梏から解放される。それは「心の自由」のための哲学だ。魅力的な言語世界を味わいながら、現代的な解釈を試みる。

筑摩選書
0006

我的日本語

The World in Japanese

リービ英雄

日本語を一行でも書けば、誰もがその歴史を体現する。異言語との往還からみえる日本語の本質とは。日本語を母語とせずに日本語で創作を続ける著者の自伝的日本語論。

筑摩選書
0007

日本人の信仰心

前田英樹

日本人は無宗教だと言われる。だが、列島の文化・民俗には古来、純粋で普遍的な信仰の命が見てとれる。大和心の古層を掘りおこし、「日本」を根底からとらえなおす。

筑摩選書 0009

日本人の暦　今週の歳時記

長谷川 櫂

日本人は三つの暦時間を生きている。本書では、季節感豊かな日本文化固有の時間を歳時記をもとに再構成。四季の移ろいを慈しみ、古来のしきたりを見直す一冊。

筑摩選書 0013

甲骨文字小字典

落合淳思

漢字の源流「甲骨文字」のうち、現代日本語の基礎となっている教育漢字中の三百余字を収録。最新の研究でその成り立ちと意味の古層を探る。漢字文化を愛する人の必携書。

筑摩選書 0017

思想は裁けるか
弁護士・海野《うんの》普吉《しんきち》伝

入江曜子

治安維持法下、河合栄治郎、尾崎行雄、津田左右吉など思想弾圧が学者やリベラリストにまで及んだ時代、その弁護に孤軍奮闘した海野普吉。冤罪を憎んだその生涯とは？

筑摩選書 0022

日本語の深層
〈話者のイマ・ココ〉を生きることば

熊倉千之

日本語の助動詞「た」は客観的過去を示さない。文中に遍在する「あり」の分析を通して日本語の発話の「イマ・ココ」性を究明し、西洋語との違いを明らかにする。

筑摩選書 0023

天皇陵古墳への招待

森 浩一

いまだ発掘が許されない天皇陵古墳。本書では、天皇陵古墳をめぐる考古学の歩みを振り返りつつ、古墳の地理的位置・形状、文献資料を駆使し総合的に考察する。

筑摩選書 0025

芭蕉 最後の一句
生命の流れに還る

魚住孝至

清滝や波に散り込む青松葉——この辞世の句に、どのような思いが籠められているのか。不易流行から軽みへ、境涯深まる最晩年に焦点を当て、芭蕉の実像を追う。

筑摩選書 0028

日米「核密約」の全貌

太田昌克

日米核密約……。長らくその真相は闇に包まれてきた。それはなぜ、いかにして取り結ばれたのか。日米双方の関係者百人以上に取材し、その全貌を明らかにする。

筑摩選書 0029

農村青年社事件
昭和アナキストの見た幻

保阪正康

不況にあえぐ昭和12年、突如全国で撒かれた号外新聞。そこには暴動・テロなどの見出しがあった。昭和最大規模のアナキスト弾圧事件の真相と人々の素顔に迫る。

筑摩選書 0031

日本の伏流
時評に歴史と文化を刻む

伊東光晴

通貨危機、政権交代、大震災・原発事故を経ても、日本は変わらない。現在の閉塞状況は、いつ、いかにして始まったのか。変動著しい時代の深層を経済学の泰斗が斬る！

筑摩選書 0035

生老病死の図像学
仏教説話画を読む

加須屋誠

仏教の教理を絵で伝える説話画をイコノロジーの手法で読み解くと、中世日本人の死生観が浮かび上がる。生活史・民俗史をも視野に入れた日本美術史の画期的論考。

筑摩選書 0036

伊勢神宮と古代王権
神宮・斎宮・天皇がおりなした六百年

榎村寛之

神宮をめぐり、交錯する天皇家と地域勢力の野望。王権は何を夢見、神宮は何を期待したのか? 王権の変遷に翻弄され変容していった伊勢神宮という存在の謎に迫る。

筑摩選書 0039

長崎奉行
等身大の官僚群像

鈴木康子

江戸から遠く離れ、国内で唯一海外に開かれた町、長崎を統べる長崎奉行。彼らはどのような官僚人生を生きたのか。豊富な史料をもとに、その悲喜交々を描き出す。

筑摩選書 0050

敗戦と戦後のあいだで
遅れて帰りし者たち

五十嵐惠邦

戦争体験をかかえて戦後を生きるとはどういうことか。五味川純平、石原吉郎、横井庄一、小野田寛郎、中村輝夫……。彼らの足跡から戦後日本社会の条件を考察する。

筑摩選書 0051

フランス革命の志士たち
革命家とは何者か

安達正勝

理想主義者、日和見、煽動者、実務家、英雄――真に世界を変えるのはどんな人物か。フランス革命の志士の生き様から、混迷と変革の時代をいかに生きるかを考える。

筑摩選書 0058

シベリア鉄道紀行史
アジアとヨーロッパを結ぶ旅

和田博文

ロシアの極東開発の重点を担ったシベリア鉄道。近代史に翻弄されたこの鉄路を旅した日本人の記述から、西欧へのツーリズムと大国ロシアのイメージの変遷を追う。

筑摩選書 0060

近代という教養
文学が背負った課題

石原千秋

日本の文学にとって近代とは何だったのか？　文学が背負わされた重い課題を捉えなおし、現在にも生きる「教養」の源泉を、時代との格闘の跡にたどる。

筑摩選書 0062

中国の強国構想
日清戦争後から現代まで

劉傑

日清戦争の敗北とともに湧き起こった中国の強国化への意志。鍵となる考え方を読み解きながら、その国家構想の変遷を追い、中国問題の根底にある論理をあぶり出す。

筑摩選書 0066

江戸の風評被害

鈴木浩三

市場経済が発達した江戸期、損得に関わる風説やうわさは瞬く間に広がって人々の行動に影響を与え、政治経済を動かした。群集心理から江戸の社会システムを読む。

筑摩選書 0072

愛国・革命・民主
日本史から世界を考える

三谷博

近代世界に類を見ない大革命、明治維新はどうして可能だったのか。その歴史的経験から、時空を超える普遍的英知を探り、それを補助線に世界の「いま」を理解する。

筑摩選書 0073

世界恐慌（上）
経済を破綻させた4人の中央銀行総裁

L・アハメド
吉田利子 訳

財政再建か、景気刺激か――。1930年代、中央銀行総裁たちの決断が世界経済を奈落に突き落とした。彼らは何をし、いかに間違ったのか？　ピュリッツァー賞受賞作。

筑摩選書 0074

世界恐慌（下）

経済を破綻させた4人の中央銀行総裁

L・アハメド

吉田利子 訳

問題はデフレか、バブルか――。株価大暴落に始まった大恐慌はなぜあれほど苛酷になったか。グローバル経済黎明期の悲劇から今日の金融システムの根幹を問い直す。

筑摩選書 0078

紅白歌合戦と日本人

太田省一

誰もが認める国民的番組、紅白歌合戦。今なお40％台の視聴率を誇るこの番組の変遷を、興味深い逸話を交えつつ論じ、日本人とは何かを浮き彫りにする渾身作！

筑摩選書 0080

書のスタイル　文のスタイル

石川九楊

日本語の構造と文体はいかにして成立したのか。東アジアのスタイルの原型である中国文体の変遷から日本固有の文体形成史をたどり、日本文化の根源を解き明かす。

筑摩選書 0082

江戸の朱子学

土田健次郎

江戸時代において朱子学が果たした機能とは何だったのか。この学の骨格から近代化の問題まで、思想界に与えたインパクトを再検討し、従来的イメージを刷新する。

筑摩選書 0089

漢字の成り立ち

『説文解字』から最先端の研究まで

落合淳思

正しい字源を探るための方法とは何か。『説文解字』から白川静までの字源研究を批判的に継承した上で到達した最先端の成果を平易に紹介する。新世代の入門書。

筑摩選書
0112

刺さる言葉
「恐山あれこれ日記」抄

南 直哉

死者を想うとはどういうことか。生きることの苦しみは何に由来するのか。〝生きて在ること〟の根源を問い続ける著者が、寄る辺なき現代人に送る思索と洞察の書。

筑摩選書
0113

極限の事態と人間の生の意味

岩田靖夫

東日本大震災の過酷な体験を元に、ヨブ記やカント、ハイデガーやレヴィナスの思想を再考し、「認識のかなた」としての「人間の生」を問い直した遺稿集。

筑摩選書
0114

孔子と魯迅
中国の偉大な「教育者」

片山智行

古代の混沌を生きた孔子は人間性の確立を、近代の矛盾に立ち向かった魯迅は国民性の改革をめざした。国家と社会の「教育」に生涯を賭けた彼らの思想と行動を描く。

筑摩選書
0116

戦後日本の宗教史
天皇制・祖先崇拝・新宗教

島田裕巳

天皇制と祖先崇拝、そして新宗教という三つの柱を軸に、戦後日本の宗教の歴史をたどり、日本社会と日本人の精神がどのように変容したかを明らかにする。

筑摩選書
0117

戦後思想の「巨人」たち
「未来の他者」はどこにいるか

高澤秀次

「戦争と革命」という二〇世紀的な主題は「テロリズムとグローバリズムへの対抗運動」として再帰しつつある。「未来の他者」をキーワードに継続と変化を再考する。

筑摩選書 0118

〈日本的なもの〉とは何か
ジャポニスムからクール・ジャパンへ

柴崎信三

様々な作品を通して19世紀末のジャポニスムから近年のクール・ジャパンまでを辿りながら、古くて新しい問いである「日本的なもの」の生成と展開、変容を考える。

筑摩選書 0119

民を殺す国・日本
足尾鉱毒事件からフクシマへ

大庭 健

フクシマも足尾鉱毒事件も、この国の「構造的な無責任」体制＝国家教によってもたらされた――。その乗り越えには何が必要なのか。倫理学者による迫真の書！

筑摩選書 0121

芭蕉の風雅
あるいは虚と実について

長谷川 櫂

芭蕉の真骨頂は歌仙の捌きにこそある。芭蕉にとって歌仙とは、現実の世界から飛翔し風雅の世界にあそぶことであった。「七部集」を読みなおし、蕉風の核心に迫る。

筑摩選書 0124

メソポタミアとインダスのあいだ
知られざる海洋の古代文明

後藤 健

メソポタミアとインダス両文明は農耕で栄えた。だが両文明誕生の陰には、知られざる海洋文明の存在があった。物流と技術力で繁栄した「交易文明」の正体に迫る。

筑摩選書 0129

中華帝国のジレンマ
礼的思想と法的秩序

富谷 至

中国人はなぜ無法で無礼に見えるのか。彼らにとって法や礼儀とは何なのか。古代から近代にいたる過程で中華思想が抱えた葛藤を読み解き、中国人の心性の謎に迫る。

筑摩選書 0131

「文藝春秋」の戦争

戦前期リベラリズムの帰趨

鈴木貞美

なぜ菊池寛がつくった『文藝春秋』は大東亜戦争を牽引したのか。小林秀雄らリベラリストの思想変遷を辿り、どんな思いで戦争推進に加担したのかを内在的に問う。

筑摩選書 0133

憲法9条とわれらが日本

未来世代へ手渡す

大澤真幸 編

憲法九条を徹底して考え、戦後日本を鋭く問う。社会学者の編著者が、強靭な思索者たる井上達夫、加藤典洋、中島岳志の諸氏とともに、「これから」を提言する！

筑摩選書 0139

宣教師ザビエルと被差別民

沖浦和光

ザビエルの日本およびアジア各地での布教活動の跡をたどりながら、キリシタン渡来が被差別民にもたらしたものが何だったのかを解明する。

筑摩選書 0140

ソ連という実験

国家が管理する民主主義は可能か

松戸清裕

一党制でありながら、政権は民意を無視して政治を行うことはできなかった。国民との対話や社会との協働を模索しながらも失敗を繰り返したソ連の姿を描く。

筑摩選書 0141

「働く青年」と教養の戦後史

「人生雑誌」と読者のゆくえ

福間良明

経済的な理由で進学を断念し、仕事に就いた若者たち。知的世界への憧れと反発。孤独な彼ら彼女らを支え、結びつけた昭和の「人生雑誌」。その盛衰を描き出す！

筑摩選書 0162

民主政とポピュリズム

ヨーロッパ・アメリカ・日本の比較政治学

佐々木毅編著

ポピュリズムが台頭し、変調し始めた先進各国の民主政。その背景に何があるのか、どうすればいいのか？各国の政治状況を照射し、来るべき民主政の姿を探る！

筑摩選書 0165

教養派知識人の運命

阿部次郎とその時代

竹内 洋

大正教養派を代表する阿部次郎。『三太郎の日記』で栄光を手にした後、波乱が彼を襲う。同時代の知識人との関係や教育制度からその生涯に迫った社会史的評伝。

筑摩選書 0171

「抗日」中国の起源

五四運動と日本

武藤秀太郎

建国の源泉に「抗日」をもつ中国。この心性は五四運動を起点とするが、当初は単なる排外主義ではなかった——。新史料をもとに、中国のジレンマを読み解く。

筑摩選書 0172

内村鑑三

その聖書読解と危機の時代

関根清三

戦争と震災。この二つの危機に対し、内村鑑三はどのように立ち向かったのか。聖書学の視点から、その聖書読解と現実との関わり、現代的射程を問う、碩学畢生の書。

筑摩選書 0179

南方の志士と日本人

インドネシア独立の夢と昭和のナショナリズム

林 英一

インドネシア人初の日本留学生たる二人は独立の志士。戦前から戦後にかけて「親日」と「反日」の間を揺れ動き、壮絶な人生を送った彼らと日本人との交流を描く。